François Le Guévellou
Gilles Macagno

QUAND L'ÉCREVISSE SIFFLERA SUR LA MONTAGNE

Quand les poules auront des dents

Mille et une expressions pour apprendre le russe

ellipses

Dans la même série :

- *C'est une affaire de saucisses !* Mille et une expressions pour apprendre l'allemand, par Bernard Marinier et Gérard Mathieu
- *Flying pigs*. Mille et une expressions pour apprendre l'anglais, par Stephen Lewis et Gérard Mathieu
- *Quand les grenouilles auront des poils*. Mille et une expressions pour apprendre l'espagnol, par Marc Lascano et Gérard Mathieu
- *In bocca al lupo*. Mille et une expressions et façons de dire pour apprendre l'italien, par Bernard-A. Chevalier et Gilles Macagno
- *É canja!* Mille et une expressions et façons de dire pour apprendre le portugais, par Ana Rocha et Gilles Macagno

ISBN 978-2-7298-3802-8

32, rue Bargue 75740 Paris cedex 15

www.editions-ellipses.fr

AVANT-PROPOS

« Quand l'écrevisse sifflera sur la montagne », « Crier comme un grand esturgeon », « N'emporte pas les saletés hors de l'isba », « Avoir l'âme déboutonnée », autant d'expressions russes mystérieuses qui ne sauraient se comprendre hors d'un cadre culturel, littéraire ou historique défini.

Les locutions forment, dans chaque langue, des tours idiomatologiques, des manières de parler particulières qui s'écartent de l'usage normal de la langue. Ainsi il existe des répertoires de locutions à l'usage des étrangers et ces recueils de phraséologies dépendent de la nature de la langue à qui ils s'adressent ; un Anglais, un Allemand, un Espagnol, un Italien, un Russe sont chacun pour leur propre compte intrigués par des constructions, des images qui s'écartent des tours particuliers à leur propre langue. La locution est à la fois arbitraire et motivée, ce qui constitue un véritable paradoxe des formes idiomatologiques et leur confère leur originalité. L'origine des locutions et expressions idiomatiques est de nature diverse (populaire, régionale, littéraire, historique – on y rencontre de nombreux archaïsmes, tant lexicaux que grammaticaux ou syntaxiques) et se perd souvent dans la nuit des temps. Chaque expression imagée et souvent pittoresque reflète en outre une culture donnée, quand bien même les motivations de départ sont estompées. Les locutions confinent aussi aux proverbes (пословицы) et dictons (поговорки) (ces derniers sont même parfois des fragments de proverbes, cf. делить шкуру неубитого медведя, de Не убив медведя, шкуры не делят) (leur forme rimée est typique à cet égard) qui recèlent une sagesse ancestrale (sur la proximité des proverbes et dictons, le russe dit bien : поговорка – цветочек, а пословица – ягодка, “le dicton est une petite fleur, et le proverbe une baie”). Certaines expressions sont aussi des créations d’auteurs entrées dans la langue commune et devenues proverbiales (des “mots ailés”, крылатые слова). Nous donnons dans cet ouvrage un échantillonnage sélectif de ces diverses catégories.

La langue russe est riche de ces tours imagés, dont l’ignorance est un frein sérieux à une bonne communication dans cette langue. Parmi ces tours (phraséologismes, фразеологизмы), il faut distinguer deux types : ceux dont le sens ne résulte d’aucun des éléments qui le composent (« quand l’écrevisse sifflera sur la montagne ») (idiomatismes, идиомы) et ceux dont au moins un élément fait sens (« un ours lui a marché sur l’oreille »). On ne trouvera pas ici une étude philologique et historique des locutions et expressions proposées, nous avons simplement voulu composer un recueil pratique de ces tours (sélectionnés pour leur fréquence et/ou leur intérêt – il faut noter que le russe a calqué de très nombreuses expressions du français), dont l’acquisition, parfois difficile, est aidée par le caractère pittoresque et amusant (et qui incite et invite à la découverte de la culture de l’autre) des expressions en question, complément indispensable du vocabulaire usuel.

Les locutions et expressions sont classées par thème et accompagnées d’une traduction littérale et d’un équivalent français aussi précis que possible. De courts commentaires et compléments linguistiques, culturels ou historiques permettent de mieux saisir le sens et d’enrichir ses connaissances.

SOMMAIRE

ABRÉVIATIONS

m. = masculin / f. = féminin / pl. = pluriel

qqch = quelque chose / qqn = quelqu'un

( ) = variante / < > = terme facultatif / [ ] = explication

РЕЛИГИЯ, МОРАЛЬ, СУДЬБА
LA RELIGION, LA MORALE, LE DESTIN

■ Пришла беда, отворяй ворота.

Un malheur est arrivé, ouvre grand la porte cochère.

→ Un malheur ne vient jamais seul.

! Noter l'accent final dans ворота pour ворота en russe standard.

■ Рассыпаться мелким бесом перед кем-л.

Se répandre comme un petit démon devant qqn.

→ Ne pas ménager les courbettes.

■ Бог Троицу любит.

Dieu aime la Trinité.

→ Jamais deux sans trois.

■ На Бога надейся, а сам не плошай.

Espère en Dieu, mais ne commets pas toi-même de faute.

→ Aide-toi, le ciel t'aidera.

■ Богу Богово, а Кесарю кесарего.

À Dieu ce qui est à Dieu, à César ce qui est à César.

→ Il faut rendre à César ce qui appartient à César.

Rappelons que царь, "tsar, empereur" vient de *César*.
Jules César → Юлий Цезарь ;
кесарь → un césar (empereur) ;
кесарево сечение → césarienne.

■ Тишь да гладь и Божья благодать.

Calme et absence de relief et grâce de Dieu.

➔ Vie insouciante.

■ С грехом пополам.

À moitié égal avec le péché.

➔ Tant bien que mal.

■ Век живи, век учись.

Vis un siècle, apprends un siècle.

➔ On n'est jamais trop vieux pour apprendre.

! Attention au pluriel de век : века (сохранить на века, Средние века) et веки dans les phraséologismes (во веки веков).

■ Он ходит как именинник.

Il va comme si c'était sa fête.

➔ Il a l'air d'avoir gagné le gros lot.

! Именины (*f. pl.*) ➔ fête (jour du saint).

■ Не ставить всего на одну карту.

Ne pas tout miser sur une seule carte.

➔ Ne pas mettre tous ses œufs dans le même panier.

■ Дышать на ладан.

Souffler sur l'encens.

➔ Sentir le sapin. / Être près de mourir.

■ Узнать, почём фунт лиха.

Apprendre combien coûte une livre de malice.

➔ En baver.

■ Не всё коту масленица <бывает и великий пост>.

Tout n'est pas mardi gras pour le matou <parfois c'est carême aussi>.

→ Ce n'est pas tous les jours dimanche (fête).

Fêtes russes :

Новый год → nouvel an
Крещение → Épiphanie, jour des Rois
Сретение → Chandeleur
Благовещение → Annonciation
пёстрая неделя *semaine bariolée*
→ semaine avant le carême
масленица → semaine grasse *(de beurre)*, mardi gras, mi-carême
(великий) пост → (grand) carême
Вербное воскресенье
→ dimanche des Rameaux (du saule)
Страстной понедельник
→ lundi des Rameaux
Пасха → Pâques
Светлое воскресенье
→ dimanche de Pâques
Вознесение → Ascension
Троица, Троицын день
→ Trinité (Pentecôte catholique)
Преображение → Transfiguration
Успение → Assomption
Покров *voile, protection* → Intercession de la Vierge
Сочельник → 24 décembre, veille de Noël
Рождество → Noël
Святки *journées saintes* → fêtes de Noël (25 décembre-6 janvier)

■ Попасть в переплёт.

Être pris dans une reliure.

→ Être dans le pétrin. / Être dans de beaux draps.

■ Каков поп, таков и приход.

Comme est le pope, telle est la paroisse.

→ Tel maître, tel valet.

La religion :

православие → la religion orthodoxe
православный → orthodoxe
церковь → église
собор → cathédrale (chez les orthodoxes, église principale d'une ville ou d'un monastère)
иконостас → iconostase
кадило → encensoir
налой → autel
приход → paroisse
прихожанин → paroissien
служба → service
литургия, обедня → messe orthodoxe
благословить → bénir
пере/креститься → se signer
по/молиться Богу → prier Dieu
о/крестить → baptiser
крещение → baptême
причащение → communion
духовенство (белое, чёрное) → clergé (séculier, régulier)
поп → pope, prêtre de campagne (plutôt péjoratif)
священник → prêtre
батюшка → mon père, un père
дьякон → diacre
патриарх → patriarche
митрополит → métropolite
протоерей → archiprêtre
архиерей → prélat
епископ → évêque
архиепископ → archevêque
архимандрит → archimandrite
монах, монахиня → moine, religieuse
игумен → supérieur, abbé (orthodoxe)
аббат → abbé (catholique)

■ На миру (людях) и смерть красна.

*Dans le monde [*i.e. *en société] même la mort est belle.*

→ Malheur partagé n'est malheur qu'à demi.

! Ici красный → "beau" et non "rouge" (symbole de la beauté).

■ Не на жизнь, а на смерть.

Pas pour la vie, mais pour la mort.

→ À la vie et à la mort.

■ До смерти.

Jusqu'à la mort.

→ Extrêmement.

! Accent sur la préposition dans cette expression. Mais : до смерти отца.

■ Надо (Пора) и совесть знать.

Il faut (Il est temps) de connaître sa conscience.

➔ Il faut savoir garder la mesure.

■ Бросить (Оставить) на произвол судьбы.

Abandonner (Laisser) à l'arbitraire du sort.

➔ Abandonner à son triste sort.

■ Какими судьбами ?

Par quels destins ?

➔ Quel bon vent vous amène ?

! Судьбами a l'accent final dans cette expression (pour le rythme), au lieu de судьбами en russe courant.

■ Христом-Богом.

Comme Christ-Dieu.

➔ De toutes ses forces. / Tous ses saints [prier].

■ Как чёрт от ладана.

Comme le diable [fuyant] l'encens.

➔ Comme la peste [fuir].

■ Жить у чёрта на куличках (рогах).

Vivre sur les terres (cornes) du diable.

➔ Habiter au diable <Vauvert>.

! Avec mouvement : послать к чёрту на кулички, "envoyer au diable".

■ В тихом омуте черти водятся.
Dans les endroits profonds et tranquilles des rivières abondent les démons.
→ Il n'est pire eau que l'eau qui dort.

! чёрт, "diable, démon" et сосед, "voisin" ont un pluriel mou : черти, чертей et соседи, соседей.

■ Чудеса в решете.
Des miracles dans un tamis.
→ Des histoires à dormir debout.

! чудо, "miracle, merveille" et небо, "ciel" ont un pluriel à infixe -ес- : чудеса, небеса.

■ Сыграть в ящик.
Jouer à la caisse.
→ Casser sa pipe.

ЧУВСТВА, ЧЕЛОВЕЧЕСКАЯ ДЕЯТЕЛЬНОСТЬ, ЧЕЛОВЕЧЕСКИЕ ОТНОШЕНИЯ
LES SENTIMENTS, LES ACTIVITÉS HUMAINES, LES RELATIONS HUMAINES

- Пройтись по чему-л. адресу.
  Faire un tour sur l'adresse de qqn.
  → Lancer une pique à qqn.

- Как аукнется, так и откликнется.
  Comme tu cries, l'écho te répond.
  → Telle voix tel écho. / Comme on fait son lit, on se couche.

- Бить баклуши.
  Frapper des pièces de bois.
  → Se tourner les pouces. / Battre le pavé.

- Лиха беда – начало (начать).
  Le dur malheur, c'est le début (de commencer).
  → Il n'y a que le premier pas qui coûte.

- Бездонная бочка.
  Un tonneau sans fond.
  → 1. Un panier percé.
  2. Un boit-sans-soif.

- Лезть в бутылку.
  Se glisser dans une bouteille.
  → Piquer une colère [sans motif apparent].

■ С него взятки гладки.
De lui les pots-de-vin sont lisses.
➔ Il n'y a rien à tirer de lui. / Il paie en monnaie de singe.

■ Один в поле не воин.
Un seul sur le champ [de bataille] n'est pas un soldat.
➔ L'union fait la force.

■ Ходить вокруг да около.
Aller autour et à côté.
➔ Tourner autour du pot.

■ Голь на выдумки хитра.
*La nudité [*i.e. *La misère] est rusée pour inventer.*
➔ Nécessité est mère d'industrie.

■ Не говори « гоп », пока не перескочишь.
Ne dis pas « hop », tant que tu n'as pas sauté.
➔ Ne crie pas victoire avant d'avoir sauté l'obstacle.

■ Туда ему и дорога.
Vers là-bas pour lui il y a aussi un chemin.
➔ Il n'a que ce qu'il mérite.

■ Не имей сто рублей, а имей сто друзей.
N'aie pas cent roubles mais aie cent amis.
➔ Un trésor n'est pas un ami, mais un ami est un trésor. / Mieux vaut manquer d'argent que d'amis.

■ Говорить правду – терять дружбу.
Dire la vérité [c'est] perdre l'amitié.
➔ Toute vérité n'est pas bonne à dire.

■ Не в службу, а в дружбу.

Pas par service mais par amitié.

→ Je te (vous) demande un service d'ami.

■ С добрыми дружись, а лукавых сторонись.

Lie-toi d'amitié avec les bons, mais évite les malins.

→ Mieux vaut être seul que mal accompagné.

■ Остаться в дураках.

Rester parmi les imbéciles.

→ Être le dindon de la farce.

■ Душа (Сердце) у него не лежит к ней.

Son âme (cœur) n'est pas couché(e) pour elle.

→ Il ne la porte pas dans son cœur.

■ У него душа (сердце) не на месте.

Son âme (cœur) n'est pas à sa place.

→ Il est anxieux.

■ У него душа нараспашку.

Il a l'âme déboutonnée.

→ Il a le cœur sur les lèvres.

■ У него душа ушла в пятки.

Son âme est partie dans ses talons.

→ Il a eu une peur bleue (une sacrée frousse).

■ Жить душа в душу.

Vivre âme en âme.

➔ Vivre en parfaite harmonie.

■ <Без мыла> в душу лезть.

Se glisser dans l'âme <sans savon>.

➔ S'insinuer dans les bonnes grâces.

■ Кривить душой.

Être tordu de l'âme.

➔ Transiger avec sa conscience. / Être hypocrite.

■ Душой и телом.

Âme et corps.

→ Corps et âme.

! Ни душой ни телом → “absolument pas, nullement”.

■ Стоять у кого-л. над душой.

Se tenir au-dessus de l’âme de qqn.

→ Porter sur le système. / Obséder.

■ Говорить по душам.

Parler selon les âmes.

→ Parler franchement.

! En dehors de cette expression, le datif pluriel (comme les autres cas du pluriel) de душа a l’accent non final : душам.

■ Задать жару.

Donner de la chaleur.

→ Faire passer un mauvais quart d’heure.

■ Ищи свищи.

Cherche [et] siffle.

→ Tu peux toujours courir pour le retrouver.

■ Держать камень за пазухой.

Tenir une pierre dans son sein.

→ Être prêt à un coup de Jarnac.

! Пазуха → espace situé entre la poitrine et les vêtements.

■ Наговорить с три короба.

[En] dire à la hauteur de trois boîtes.

→ Raconter un tas de choses. / En raconter de belles.

■ Лежачего не бьют.

On ne frappe pas un [homme] couché.

→ On ne frappe pas un homme à terre.

! Distinguer les participes présents verbaux (en -щий) des participes présents adjectivaux (en -чий) (cf. la différence en français entre participe présent et adjectif verbal : fatiguant - fatigant). Exemples : колющий, "qui pique" - колючий, "piquant", могущий, "pouvant" - могучий, "puissant", текущий, "courant" - текучий, "coulant", горящий, "qui brûle" - горячий, "brûlant" (et горючий, "combustible"), стоящий, "qui est debout" - стоячий, "stagnant", бродящий, "qui erre" - бродячий, "ambulant", ходящий, "qui va" - ходячий, "courant" (expression, monnaie), летящий, "qui vole" - летучий (летучая мышь, "chauve-souris"), ползущий, "qui grimpe" - ползучий, "grimpant" (plante), сидящий, "qui est assis" - сидячий, "sédentaire", висящий, "qui pend" - висячий, "suspendu" (pont), падущий, "qui tombe" - падучий (падучая болезнь, "épilepsie"), живущий, "qui vit" - живучий, "vivace", кипящий, "qui bout" - кипучий, "bouillant, vif", жгущий, "qui brûle" - жгучий, "urticant, ardent", etc.

■ Держать марку.

Tenir sa marque.

→ Faire honneur à sa réputation.

■ Насильно мил не будешь.

On ne peut pas se faire aimer par la force.

→ L'amour (L'amitié) ne se commande pas.

■ В мире жить – с миром жить.

[Pour] vivre dans le monde – [il faut] vivre en paix.

→ Quand on vit en société, il faut vivre en paix avec autrui.

! Exploitation des paronymes : мир → "monde" et мир → "paix". Noter le slogan мир миру !, "paix au monde !"

■ Быть и нашим и вашим.
Être et nôtre et vôtre.
→ Nager entre deux eaux. / Ménager la chèvre et le chou.

■ На нет <и> суда нет.
Sur rien pas <même> de jugement.
→ À l'impossible nul n'est tenu.

■ Быть на ножах с кем-л.
Être sur les couteaux avec qqn.
→ Être à couteaux tirés avec qqn.

■ Этот номер вам не пройдёт.
Ce numéro ne passera pas à travers vous.
→ C'est un truc qui ne vous réussira pas.

■ Вот это уже из другой оперы.
Ça, c'est d'un autre opéra.
→ C'est une autre paire de manches.

■ Быть без памяти (ума) от.
Être sans mémoire (esprit) de.
→ Aimer éperdument (à la folie). / Raffoler de.

■ Или (Либо) пан, или (либо) пропал.
Ou tu es un seigneur [polonais], ou tu n'es plus rien.
→ Quitte ou double.

■ Поднести пилюлю.
Apporter une pilule.
→ Faire avaler une pilule amère.

! Et : проглотить пилюлю *avaler la pilule*, "avaler la pilule".

■ Лёгок на помине.

Facile à l'évocation.

➔ Quand on parle du loup, on en voit la queue.

■ Поминай, как звали.

Souviens-toi comment il s'appelait.

➔ On peut toujours courir pour le retrouver.

■ Попытка не пытка.

Un essai n'est pas une torture.

➔ On ne perd rien à essayer.

■ Гони природу в дверь, она войдёт в окно.

Chasse la nature par la porte, elle entrera par la fenêtre.

➔ Chassez le naturel, il revient au galop.

■ Переливать из пустого в порожнее.

Transvaser d'un [récipient] vide dans un [récipient] vide.

➔ 1. Parler pour ne rien dire.
2. Verser du vide dans du creux. / Perdre son temps à des bagatelles. / Enfiler des perles.

■ Рвать и метать.

Déchirer et lancer.

➔ Fulminer. / Être hors de soi.

■ На свой страх и риск.

À sa peur et à son risque.

➔ À ses risques et périls.

■ Ругать на чём свет стоит.

Injurier sur quoi tient le monde.

➔ Jurer comme un charretier.

■ Каждому своё.
À chacun le sien.
→ Chacun son truc.

■ Свой своего ищет.
Le sien cherche le sien.
→ Qui se ressemble s'assemble.

■ Сам не свой.
Soi-même pas à soi.
→ Comme une âme en peine.

■ Секрет – не секрет, а знает весь свет.
Le secret n'est pas un secret, le monde entier le connaît.
→ C'est un secret de polichinelle.

■ Скоро сказка сказывается, не скоро дело делается.
Bientôt le conte se dira, le fait n'est pas près de se faire.
→ Plus facile à dire qu'à faire.

■ Склонять кого-л. во всех падежах.
Décliner qqn à tous les cas.
→ Ragoter sur qqn.

■ Бросаться словами.
Lancer ses mots [en l'air].
→ Parler (Agir) à la légère.

■ Смелость города берёт.
L'audace prend des villes.
→ À cœur vaillant, rien d'impossible.

■ Это сон наяву.

C'est un rêve dans la réalité.

➔ On croit rêver.

! Мечтать ➔ rêver (éveillé) ; видеть во сне ➔ rêver (en dormant) ; мечта ➔ rêve (projet) ; сон ➔ rêve (en dormant) ; видеть сны ➔ faire des rêves ; при/сниться (sujet au datif) ➔ faire un (des) rêve(s), rêver (en dormant). Noter : ни сном ни духом ni comme songe ni comme esprit, "nullement".

■ Стерпится – слюбится.

Ce qui s'endurera finira par plaire.

➔ Tu ne perdras rien pour attendre.

■ Ходить по струнке.

Marcher sur la petite corde.

➔ Marcher à la baguette.

! Aussi : вытянуться в струнку s'étirer en petite corde, "se mettre au garde-à-vous"

■ Быть не в своей тарелке.

N'être pas dans son assiette.

➔ Ne pas être dans son assiette.

■ Терпение и труд всё перетрут.

La patience et le travail usent tout.

➔ La patience vient à bout de tout.

! Une sonore en finale s'assourdit, d'où les homophones : рог, "corne" - рок, "sort", гриб, "champignon" - грипп, "grippe", луг, "pré" - лук, "oignon" ou "arc", обед, "repas" - обет, "vœu", плод, "fruit" - плот, "radeau", порог, "seuil" ou "rapide d'un fleuve" - порок, "vice", труд, "labeur" - трут, "amadou", etc.

■ Из одного теста.

De la même pâte.

→ Pétris de la même argile.

■ Где тонко, там и рвётся.

Où c'est fin, ça casse.

→ On tombe toujours du côté où l'on penche.

■ Бить в одну точку.

Frapper le même point.

→ S'acharner sur un but.

■ Вылететь в трубу.

S'envoler par la cheminée.

→ Être ruiné. / Être dans le lac.

■ Тяжёл на подъём.

Lourd à soulever.

→ 1. Casanier.

2. Long à se décider (à la détente).

■ <Один> ум хорошо, а два лучше.
Un esprit, c'est bien, mais deux, c'est mieux.
→ Deux avis valent mieux qu'un.

■ У него ум за разум заходит.
Son esprit s'en va derrière sa raison.
→ Il déraille.

■ Взяться за ум.
Se saisir de son esprit.
→ Devenir raisonnable. / Se ranger.

■ У него ума палата.
*Il a un palais [*i.e. *salle des conseils] d'esprit.*
→ Il a de l'esprit à revendre (jusqu'au bout des doigts).

! Souvent ironique.

■ Ума не приложу.
Je n'[y] applique pas mon esprit.
→ Je ne sais que penser. / Je donne ma langue au chat.

■ Каждый по-своему с ума сходит.
Chacun devient fou à sa façon.
→ Chacun s'amuse à sa façon.

■ Быть себе на уме.
Être à soi sur l'esprit.
→ Avoir son idée derrière la tête.

■ Быть не в своём уме.
Ne pas être dans son esprit.
→ Être toqué.

! Cf. сходить с ума sortir de son esprit, "être fou"

■ Он задним умом крепок.

Il est fort de l'esprit d'arrière.

➔ Il a l'esprit de l'escalier. / Il a la comprenette difficilette.

■ Учить уму-разуму.

Enseigner l'esprit-la raison.

➔ Sermonner. / Donner des leçons.

■ За учёного двух неучёных дают.

Pour un homme instruit on en donne deux non instruits.

➔ Un homme averti en vaut deux.

■ Человек в футляре.

Un homme dans un étui.

➔ Un homme complètement encroûté.

■ Знать все ходы и выходы.

Connaître toutes les entrées et sorties.

➔ Connaître tous les arcanes.

■ Где хотенье, там и уменье.

Où est le vouloir, là est aussi le savoir-faire.

➔ Quand on veut, on peut.

■ Все мы люди, все <мы> человеки.

Nous sommes tous des humains, <nous sommes> tous des humains.

➔ Nous ne sommes que de faibles humains.

> ! Seconde forme à pluriel archaïque.
>
> De même : недочеловек, "sous-homme" ➔ недочеловеки, mais получеловек, "demi-homme" ➔ полулюди ou получеловеки, обезьяночеловек, "pithécanthrope" ➔ обезьянолюди.

■ Пора и честь знать.

Il est temps de connaître son honneur.

→ Il ne faut pas abuser [de l’hospitalité].

■ Встретить в штыки.

Accueillir à la baïonnette.

→ Rembarrer.

■ Рыть яму.

Creuser une fosse.

→ Tendre un piège.

ТЕЛО : *LE CORPS*

■ Болезнь входит пудами, а выходит золотниками.
La maladie entre par pouds et sort par zolotniks.
→ Les maladies viennent à cheval et s'en retournent à pied.

! Пуд → 16, 38 kg ; золотник → 96e partie de l'ancienne livre russe.

■ У кого что болит, тот о том (про то) и говорит.
Celui qui a mal qqpart, celui-là parle de cela.
→ La langue va où la dent fait mal.

! *Maladies :*

насморк → rhume, грипп → grippe, бронхит → bronchite, ангина, жаба → angine, корь f. → rougeole, оспа → variole, рак → cancer, СПИД → S.I.D.A.

■ Борода лопатой.
Une barbe en pelle.
→ Une barbe en éventail.

■ На брюхе<-то> шёлк, а в брюхе<-то> щёлк.
Sur le ventre de la soie et dans le ventre un craquement.
→ Ventre de son et robe de velours.

■ На (Из) него можно верёвки вить.
On peut tresser des cordes sur (de) lui.
→ Il est du bois dont on fait les flûtes.

- У него винтика (винтиков) не хватает <в голове>.

Il lui manque une (des) vis <dans la tête>.

➔ Il a une case en moins.

- Ни на волос.

Pour pas un cheveu.

➔ Pas un brin.

- Держаться (Висеть) на волоске.

Se tenir (Être suspendu) à un petit cheveu.

➔ Ne tenir qu'à un fil.

- Темно, хоть глаз выколи.

*Il fait sombre, crève l'œil, si tu veux [*i.e. *à te crever l'œil].*

➔ On n'y voit goutte.

- Попасть не в бровь, а <прямо> в глаз.

Tomber non dans le sourcil, mais [droit] dans l'œil.

➔ Tomber en plein dans le mille.

- Он у меня как бельмо на глазу.

Il est comme une taie sur mon œil.

➔ J'en ai assez de le voir. / C'est ma bête noire.

- Идти куда глаза глядят.

  Aller où regardent les yeux.

  → Aller à l'aventure.

- У страха глаза велики.

  La peur a de grands yeux.

  → La peur grossit les objets (les obstacles).

- Глаза на лоб лезут.

  Les yeux grimpent sur le front.

  → C'est hallucinant.

- У него глаза на мокром месте.

  Il a les yeux à un endroit humide.

  → Il a la larme facile.

- Мозолить глаза.

  Couvrir les yeux de cors.

  → Enquiquiner.

- Правда глаза колет.

  La vérité fend les yeux.

  → Toutes les vérités ne sont pas bonnes à dire.

  ! Noter : колоть глаза кому-л → fendre les yeux à qqn, "irriter", резать правду в глаза fendre la vérité dans les yeux, dire ses quatre vérités

- За глаза.

  Derrière les yeux.

  → Hors de la vue. / Le dos tourné. / En l'absence de qqn.

  ! За глаза хватит, "largement assez". Noter aussi : на глаз, "au jugé" ; на глазах, (кого-л.) "sous les yeux (de qqn), en présence de qqn", "à vue d'œil" ; в глаза, "en face" ; во все глаза (смотреть), "tout yeux, de tous ses yeux" ; в глазах кого-л. "aux yeux de qqn, dans l'esprit de qqn" ; с глазу на глаз, глаз на глаз, "entre quatre yeux, tête à tête".

■ С глаз долой – из сердца вон.

Bas des yeux, hors du cœur.

→ Loin des yeux, loin du cœur.

■ С пьяных глаз.

D'yeux ivres.

→ En état d'ébriété.

■ У него искры из глаз посыпались.

Des étincelles ont jailli de ses yeux.

→ Il en a vu trente-six chandelles.

■ Стрелять глазами.

Tirer avec les yeux.

→ Lancer des œillades.

■ Делать (Строить) глазки.

Faire (Construire) les petits yeux.

→ Faire les yeux doux.

! Глазок, diminutif de глаз, a deux pluriels : глазки, глазок, "petit œil" et глазки, глазков, "œilleton, judas". на глазок, "à l'œil, environ".

■ Вешать голову.

Pendre la tête.

→ Perdre courage.

! Aussi au gérondif passé (perfectif) en -я : повеся голову, "tête basse".

■ Очертя голову.

En faisant un trait [du bout de l'épée] autour de la tête.

➔ Tête baissée. / Sans réfléchir.

! Gérondif passé (perfectif) en -я à valeur phraséologique. L'expression remonte à une coutume visant à se donner des forces avant le combat.

■ Бежать сломя голову.

Courir à se casser la tête.

➔ Courir comme un dératé.

! Gérondif passé (perfectif) en -я phraséologique (à côté de сломив).

■ Выше головы не прыгнешь.

On ne peut pas sauter plus haut que sa tête.

➔ On ne peut donner que ce qu'on a.

■ Сваливать с больной головы на здоровую.

Rejeter d'une tête malade sur une saine.

➔ Rejeter ses fautes sur autrui.

■ Уйти с головой во что-л.
Partir avec sa tête dans qqch.
→ Avoir la tête ailleurs. / Être à fond dans qqch.

■ У него ветер в голове.
Il a du vent dans la tête.
→ Il est très étourdi. / Il est volage.

■ Ему хоть кол на голове теши.
Taille-lui ne fût-ce qu'un pieu sur la tête.
→ Il a la tête dure comme une bourrique.

■ Повинную головушку <и> меч не сечёт.
<Même> l'épée ne tranche pas une bonne petite tête [avouée] coupable.
→ Faute avouée est à demi pardonnée.

■ Горбатого исправит могила.
C'est la tombe qui redressera le bossu.
→ Bois tordu ne se redresse pas. / Qui a bu boira.

■ [Кричать, Смеяться] во всё горло.
[Crier, Rire] à toute gorge.
→ [Crier, Rire] à gorge déployée. / [Crier] à tue-tête.

■ Он занят по горло.
Il est occupé jusqu'à la gorge.
→ Il a du travail par-dessus la tête.

■ Или грудь в крестах, или голова в кустах.
Ou bien la poitrine avec des croix, ou bien la tête dans les buissons.
→ Quitte ou double.

■ У него губа не дура.

Sa lèvre n'est pas bête.

→ Il sait choisir ce qu'il y a de mieux.

! En dehors de cette expression, губа a l'accent final au singulier.

■ Надуть губы.

Gonfler les lèvres.

→ Faire la moue (la lippe). / Bouder.

■ У него молоко на губах не обсохло.

Le lait n'a pas séché sur ses lèvres.

→ C'est un blanc-bec.

■ О нём ни слуху, ни духу.

On n'a de lui ni bruit ni souffle.

→ Il ne donne aucun signe de vie.

■ Хвататься за животики.

Se prendre par les petits ventres.

→ Se tenir les côtes de rire.

■ У него зуб на зуб не попадает.

Chez lui une dent n'atteint pas l'autre.

→ Il claque des dents. / Il est transi.

! Les dents *:*

зубы → dentition, denture, челюсть f. → mâchoire, нёбо → palais, глазной з. → canine, коренной з. → molaire, з. мудрости → dent de sagesse, молочный з. → dent de lait, кариес → carie ; кариозный з. → dent cariée, искуственная челюсть, вставные зубы → dentier

■ Толкнуть ни в зуб.

Pousser dans aucune dent.

➔ Ne savoir ni A ni B. / Ne rien piger.

■ Заговорить зубы.

User de la magie pour guérir les dents.

➔ En faire accroire.

■ Положить зубы на полку.

Mettre ses dents sur l'étagère.

➔ N'avoir rien à se mettre sous la dent.

■ Не по зубам.

Qui ne convient pas aux dents.

➔ 1. Dur à mâcher.
2. Inaccessible.

■ Это у меня в зубах навязло.

Cela s'est collé dans mes dents.

➔ J'en ai plein le dos.

■ Знать на зубок.

Savoir sur la petite dent.

➔ Savoir sur le bout des doigts.

■ Попасть кому-л. на зубок.

Se retrouver sur la petite dent de qqn.

➔ Se faire écharper.

■ Сидеть как на иголках.

Être assis comme sur des petites aiguilles.

➔ Être comme sur des charbons ardents.

■ Из кожи <вон> лезть.

Se glisser hors de sa peau.

➔ Se mettre en quatre. / Faire des pieds et des mains.

■ Лечь костьми.

Se coucher avec ses os.

➔ Succomber [sur le champ de bataille]. / Y laisser ses os.

! Sauf dans cette expression, l'instrumental pluriel de кость est костями.

■ Перемывать косточки.

Relaver les petits os.

➔ Casser du sucre sur le dos.

■ Она кровь с молоком.

Elle est sang et lait.

➔ Elle a un teint de lis et de rose.

■ В плоть и кровь.

En chair et sang.

➔ 1. En chair et en os.
2. Concrètement.

■ Смеяться в кулак.

Rire dans son poing.

➔ Rire sous cape.

■ Быть видным как на ладони.

Être visible comme sur la paume.

➔ Être visible comme le nez au milieu du visage.

■ На нём лица нет.

Il n'a pas de visage.

➔ Il est tout bouleversé.

■ Не ударить лицом в грязь.
Ne pas frapper du visage dans la boue.
➔ S'en tirer tout à son honneur. / Être à la hauteur.

■ Личиком гладок, да делами гадок.
Lisse de minois, mais vil par ses actions.
➔ L'habit ne fait pas le moine.

■ Что в лоб, что по лбу.
Ce qui va dans le front [est comme] ce qui va sur le front.
➔ C'est bonnet blanc et blanc bonnet.

■ Он семи пядей во лбу.
Il est de sept pouces dans le front.
➔ Il est d'une intelligence exceptionnelle.

■ Близок локоть, да не укусишь.
Ton coude est proche, mais tu ne peux pas le mordre.
➔ Il y a loin de la coupe aux lèvres.

■ Чувство локтя.
Le sentiment du coude.
➔ Le coude à coude. / L'esprit de fraternité.

■ Кусать <себе> локти.
[Se] mordre les coudes.
➔ S'en mordre les doigts.

■ Убегать во все лопатки.
S'enfuir à toutes omoplates.
➔ S'enfuir à toutes jambes.

■ Не стоить чьего-л. мизинца.
Ne pas valoir le petit doigt de qqn.

→ Ne pas arriver à la cheville de qqn.

! *Les doigts de la main :*

большой палец → pouce, указательный палец → index, средний палец → majeur, безымянный палец → annulaire, мизинец (мизинчик) → auriculaire, petit doigt

■ По/шевелить мозгами.

Remuer la cervelle.

→ Se creuser les méninges (la tête).

! Мозг → "cerveau", "moelle" ; мозги → "cervelle" (nourriture).

■ Наступить кому-л. на <любимую> мозоль.

Marcher sur le cor <préféré> de qqn.

→ Piquer qqn au vif.

■ Жить на широкую ногу (руку).

Vivre sur un large pied (une large main).

→ Vivre sur un grand pied. / Mener grand train.

■ Встать с левой (не той) ноги.

Se lever du pied gauche (du mauvais pied).

→ Se lever du pied gauche.

> ! *Positions :*
>
> на корточки (на корточках) → **à croupetons**, на карачки (на карачках), на четвереньки (на четвереньках) → **à quatre pattes**, на цыпочки (на цыпочках) → **sur la pointe des pieds**

■ Быть с кем-л. на короткой (дружеской) ноге.

Être avec qqn sur une jambe courte (amicale).

→ Être très intime (sur le pied de l'intimité) avec qqn.

■ Уносить ноги.

Emporter ses jambes.

→ Prendre ses jambes à son cou.

■ Поднять всех на ноги.

Soulever tout le monde sur ses pieds.

→ Alerter tout le monde.

■ Не чуять ног под собой.

Ne pas sentir ses jambes sous soi.

→ Ne plus se sentir de joie.

■ Спать без задних ног.

Dormir sans les jambes de derrière.

→ Dormir à poings fermés.

■ Выбивать почву из-под ног.

Arracher le sol sous les pieds.

→ Désarçonner. / Couper l'herbe sous le pied.

■ Валиться с ног.

Tomber des jambes.

→ Être sur les genoux (rotules).

■ Знать всю подноготную.

Savoir toute la sous-ongulée [vérité].

→ Savoir le fonds et le tréfonds.

! Remonte à un supplice consistant à arracher des aveux en enfonçant des clous sous les ongles !

■ Нос не дорос.

Le nez n'a pas fini de pousser.

→ Il est trop tôt pour s'en occuper.

! Le russe comporte de nombreux proverbes et expressions évoquant le nez. C'est ce que rappelait Nabokov à propos de la nouvelle de Gogol, *Le Nez*, qu'il estimait ne pas devoir être réduite à des explications psychologisantes.

Types de nez :

вздёрнутый retroussé ; en trompette, вислый tombant, горбатый ; с горбинкой busqué, картошкой en patate (en pomme de terre) ; en pied de marmite, клин клином en pointe, кнопочкой *en petit bouton*, крючком crochu, курносый retroussé ; camard, мясистый charnu, орлиный aquilin, острый pointu, тонко очерченный fin, пуговкой en *bouton* petit et camus, римский romain, тупой *mal émoussé* épaté, утиный *de canard*, хищный rapace, шишкой *en pomme de pin*

■ Вешать нос.

Pendre le nez.

➔ Faire triste mine.

! Souvent au gérondif passé (perfectif) en -я : повеся нос, “tête basse”.

■ Держать нос по ветру.

Tenir son nez dans le vent.

➔ Tourner à tous les vents.

■ Задрать нос.

Lever le nez.

➔ Se donner des airs. / Faire le matador.

■ Показать нос.

Montrer le nez.

➔ Faire un pied de nez.

■ Утереть нос.

Essuyer le nez.

➔ Moucher. / Remettre à sa place.

■ Это мне не по носу.

Cela n’est pas pour mon nez.

➔ C’est au-dessus de mes forces.

■ Клевать носом.

Picorer avec le nez.

➔ Piquer du nez. / Sommeiller.

■ Крутить носом.

Tortiller du nez.

→ Refuser. / S'obstiner.

■ Под носом.

Sous le nez.

→ Tout près.

! Accent sur la préposition. Mais, au sens propre : болячка под носом.

■ Остаться (Уйти) с носом.

*Rester (Partir) avec son nez [*en fait *apport].*

→ En être pour ses frais. / Rester le bec dans l'eau.

! Нос signifie ici en fait "apport" (de носить, "porter"), désignant par euphémisme un pot-de-vin qu'on apportait avec soi et qui pouvait être refusé.

■ Зарубить себе на носу.

*Se l'entailler sur le nez [*en fait *la planchette].*

→ Se le tenir pour dit.

! Нос désigne ici en fait une planchette que les illettrés portaient jadis, sur laquelle étaient gravées diverses entailles et qui servait de pense-bête.

■ Око за око, зуб за зуб.

Œil pour œil, dent pour dent.

→ Œil pour œil, dent pour dent.

! Око (pluriel очи) est l'ancien mot pour "œil" (cf. latin oculus, français oculaire) (russe moderne : глаз) et survit dans les proverbes et en poésie (cf. la chanson Очи чёрные, "Les Yeux noirs").

■ В мгновение ока.

En un instant d'œil.

→ En un clin d'œil.

■ Палец о палец не ударить.
Ne pas frapper un doigt contre l'autre.
→ Ne pas lever le petit doigt.

■ Ему пальца в рот не клади.
Ne lui mets pas le doigt dans la bouche.
→ Méfie-toi de lui comme de la peste.

■ Обводить вокруг пальца.
Faire faire le tour de son doigt.
→ Faire prendre des vessies pour des lanternes.

■ Высосать из пальца.
Extraire du doigt en suçant.
→ Inventer de toutes pièces.

■ Попасть пальцем в небо.
Toucher le ciel du doigt.
→ Se fourrer le doigt dans l'œil.

■ Смотреть сквозь пальцы.
Regarder à travers ses doigts.
→ Se voiler la face. / Fermer les yeux sur.

■ Знать как свои пять пальцев.
Connaître comme ses cinq doigts.
→ Connaître sur le bout des doigts.

■ Пальчики оближешь.
Tu t'en lècheras les petits doigts.
→ On s'en lèche les doigts (les babines).

! Мальчик с пальчик **garçonnet de la taille d'un petit doigt, "Petit Poucet".**

■ Один как перст.

Seul comme un doigt.

→ Tout seul <au monde>.

! Перст = палец en russe moderne.

■ Сидеть в печёнках.

Être assis dans les foies.

→ Irriter.

■ Это ему не по плечу.

Cela n'est pas à son épaule.

→ Il n'est pas de taille à le faire.

■ <Сделано – и> с плеч долой.

<C'est fait et> à bas des épaules.

→ C'est un souci de moins. / Ce qui est fait n'est plus à faire.

■ Гора свалилась с моих плеч.

Une montagne est tombée de mes épaules.

→ Cela m'a ôté un poids des épaules.

■ У меня поджилки трясутся.

J'ai les tendons des genoux qui tremblent.

→ J'ai la frousse.

■ До кровавого пота.

Jusqu'à la sueur sanglante.

→ Sang et eau.

! Пот a un locatif en -у au sens propre : весь в поту et son prépositionnel en -е au sens figuré : трудиться в поте лица.

■ Сыпать соль на рану.

Verser du sel sur la blessure.

→ Remuer le couteau dans la plaie.

■ У него одни рёбра остались.

Il ne lui est resté que les côtes.

➔ Il n'a que les os et la peau.

■ У него хлопот полон рот.

Il a la bouche pleine de tracasseries.

➔ Il a des soucis par-dessus la tête. / Il a du fil à retordre.

■ Смотреть кому-л. в рот.

Regarder dans la bouche de qqn.

➔ Boire les paroles de qqn.

■ В рот не брать.

Ne pas prendre dans la bouche.

➔ Avoir de l'aversion pour qqch.

■ Смешинка в рот попала.

Une étincelle malicieuse [qu'on a dans les yeux] est tombée dans sa bouche.

➔ Il se tord de rire.

■ Если бы да кабы во рту росли бобы <, был бы не рот, а целый огород>.

Si et si dans la bouche poussaient des fèves <il n'y aurait pas de bouche mais tout un potager>.

➔ Avec des si, on mettrait Paris en bouteille.

■ У меня рука не поднимается на что-л.

Ma main ne se lève pas vers qqch.

➔ Je n'ai pas le courage de qqch.

■ Иметь сильную руку.

Avoir la main forte.

➔ Avoir le bras long.

■ Это мне на руку.

Cela [va] sur ma main.

➔ Cela fait bien mon affaire.

■ На скорую руку.

À preste main.

➔ À la hâte. / À la va-vite.

! Exemple : жениться на скорую руку, да на долгую муку
se marier à preste main, et pour long tourment, “mariage prompt, regrets longs”.

■ Говорить под руку.

Parler sous la main.

➔ Déconcentrer [en parlant].

■ Под горячую / пьяную руку.

Sous une main chaude / ivre.

➔ Sous l’emprise de la fureur. / En état d’ivresse.

■ Махнуть рукой на.

Agiter la main sur.

➔ Ne plus s’intéresser à (s’occuper de). / Renoncer à.

■ Рукой подать.

[Qu’on peut] tendre de la main.

➔ Tout près. / À portée de <la> main.

■ Как рукой сняло.

Cela a été ôté comme avec la main.

➔ C’est passé comme par miracle [douleur].

■ У меня руки не доходят до чего-л.

Mes mains n’atteignent pas qqch.

➔ Je n’ai pas le temps de faire qqch.

■ Сидеть сложа руки.

Être assis en croisant les bras.

➔ Rester les bras croisés. / Se tourner les pouces.

! Gérondif passé (perfectif) en -а à valeur phraséologique.

■ Не покладая рук.

Sans poser les bras.

➔ D’arrache-pied. / Sans relâche.

■ Как без рук.

Comme sans mains.

➔ Complètement perdu. / Totalement désemparé.

■ Отбиться от рук.

S’éloigner des mains.

➔ N’en plus faire qu’à sa tête.

■ Это не сойдёт ему с рук.

Cela ne disparaîtra pas de ses mains.

➔ Il ne s’en tirera pas à si bon compte.

■ Развести руками.

Écarter avec les mains.

➔ Rester baba (pantois).

■ Работа у него горит в руках.

Le travail lui brûle dans les mains.

➔ Avec lui, le travail se fait tout seul.

■ Сердце обросло мохом.

Son cœur s’est couvert de mousse.

➔ Il a un cœur de pierre.

■ Скрепя сердце.

En affermissant le cœur.

➔ À contrecœur.

! Gérondif passé (perfectif) en -я phraséologique (à côté de скрепив).

■ У меня камень лежит на сердце.

J'ai une pierre sur le cœur.

➔ J'ai le cœur gros.

■ Его и след простыл.

Sa trace aussi a refroidi.

➔ Il a disparu sans laisser de traces.

■ Вариться в собственном соку.

Cuire dans son propre jus.

➔ Se tenir à l'écart. / Travailler en solitaire.

! En dehors de son emploi en locution (aussi : в полном соку, "dans la force de l'âge"), le prépositionnel de сок est en -е : сахар в вишнёвом соке.

Autres doublets distingués par le prépositionnel en -е / locatif en -у / -ю (liste non exhaustive – d'autres exemples figurent ailleurs) :

в роде (genre) / в роду (lignée), на свете (monde) / на свету (lumière), на счёте (compte) / на счету ("bien vu"), в веке / на своём веку, строй : в строе (structure) / в строю (ordre militaire), в быте (mode de vie) / в быту (vie quotidienne), в боре (drille) / в бору (forêt de pins), на доме ("sur la maison") / на дому ("chez soi"), в круге (rond) / в кругу (cercle d'amis, de jeu), в мире (Terre) / в миру (monde, gens), в посте ("jeûnant") / в посту ("au cours du jeûne"), угол : в угле (en maths) / в углу, хмель : в хмеле (houblon) / во хмелю (ivresse), в дыме пожарищ / задыхаться в дыму, клей : на клее (соединение на клее новой марки) / на клею (sens propre : подошва на клею), в ряде (série) / в ряду (rang), на ходе (cours) / на ходу (marche), в годе (sens figuré : принимать участие в геофизическом годе) / в году (sens propre : в текущем году), в часе (sens propre : в часе 60 м.) / в часу (в котором часу), в цвету (sens propre) / в цвете (sens figuré : во цвете лет, в(о) цвете сил).

■ Высосать все соки из кого-л.

Sucer tous les sucs de qqn.

→ Saigner qqn à blanc. / Appauvrir.

■ В теле.

En corps.

→ Bien en chair.

! Спасть с тела diminuer de corps → maigrir.

■ Он <себе> <и> в ус не дует.

Il ne <se> souffle pas <même> dans la moustache.

→ Il ne s'en fait pas. / Il s'en soucie comme de l'an quarante.

■ На/мотать <себе> на ус.

<Se> [l']enrouler sur la moustache.

→ Se le tenir pour dit.

■ Смеяться в усы.

Rire dans ses moustaches.

→ Rire dans sa barbe.

■ Мы <и> сами с усами.

Nous-mêmes <aussi> avons des moustaches.

→ Nous ne sommes pas des gamins.

■ Из уст в уста.

De bouche en bouche.

➔ De bouche à oreille.

! Уста (pl.) ➔ synonyme littéraire de рот.

■ Вашими бы устами <да> мёд пить.

Puissé-je boire du miel par votre bouche.

➔ Puissiez-vous avoir raison. / J'en accepte l'augure.

■ И ухом не вести.

Ne pas bouger même l'oreille.

➔ Faire la sourde oreille.

■ У меня уши от этого вянут.

J'ai les oreilles qui en flétrissent.

➔ J'en ai les oreilles rebattues [d'une chose absurde].

■ Навострить уши.

Aiguiser les oreilles.

➔ Dresser (tendre) l'oreille.

■ Прожужжать <все> уши.

Bourdonner à travers <toutes> les oreilles.

➔ Rebattre les oreilles.

■ Влюблён / В долгах по уши.

Amoureux / Dans les dettes jusqu'aux oreilles.

➔ Follement amoureux. / Criblé de dettes.

■ Не видать как своих ушей.

*On ne [le] verra pas comme [*i.e. *pas plus que] ses propres oreilles.*

➔ On peut toujours rêver [pour le voir ou l'avoir].

■ Пропускать мимо ушей.

Laisser passer à côté des oreilles.

→ 1. Ne pas faire attention.
2. Faire la sourde oreille.

■ У него ушки на макушке.

Il a les petites oreilles au sommet de la tête.

→ Il se tient sur ses gardes.

! Ne pas confondre : ушко, diminutif de ухо, pluriel : ушки, ушек et ушко, "chas", pluriel : ушки, ушков.

■ На всякое чиханье не наздравствуешься.

À chaque éternuement on ne dit pas « À vos souhaits ! ».

→ On ne peut pas plaire à tout le monde.

■ Намылить шею.

Savonner le cou.

→ Passer un savon.

■ Сидеть (Быть) на шее у кого-л.

Être (assis) sur le cou de qqn.

→ Être à la charge de qqn. / Vivre aux crochets de qqn.

■ Уписывать за обе щеки.

En mettre [manger avidement] derrière les deux joues.

→ Dévorer (Croquer) à belles dents.

■ У него язык на плече.

Il a la langue sur l'épaule.

→ Il tire la langue. / Il est fourbu.

■ Бежать высуня (высунув) язык.
Courir en tirant la langue.
→ Courir comme un dératé (à perdre haleine).

! Gérondif passé (perfectif) en -я à valeur phraséologique.

■ Держать язык за зубами.
Tenir sa langue derrière les dents.
→ Tenir sa langue au chaud.

■ Язык сломаешь.
On se cassera la langue.
→ C'est très difficile à prononcer.

! Les amusettes phonétiques (mots ou phrases difficiles à prononcer, cf. le dicton щи да каша – пища наша) sont appelées en russe скороговорки (anglais *tongue twisters*).

■ Попадаться кому-л. на язык.
Se retrouver sur la langue de qqn.
→ Être l'objet de ragots.

■ Типун тебе на язык !
Pépie sur ta langue ! [Puisses-tu avoir la pépie !]
→ Sacré bavard !

■ Трепать (Болтать) языком.
Secouer la langue.
→ Parler pour ne rien dire. / Dire des blagues.

■ У меня это слово на языке вертится.
Ce mot tournoie sur ma langue.
→ J'ai le mot sur le bout de la langue.

ПИЩА : *LA NOURRITURE*

Аппетит приходит во время еды.
L'appétit vient au moment du repas.
→ L'appétit vient en mangeant.

Plats russes typiques :

закуски → zakouski, hors d'œuvre à la russe (légumes, champignons marinés, poissons fumés et marinés, feuilletés), винегрет → salade russe (faux ami !) (какой винегрет, "quelle salade !"), икра → caviar (œufs d'esturgeon : les 3 variétés sont le bélouga [белуга, "grand esturgeon"], le sévrouga [севрюга, "esturgeon étoilé"] et l'oscìètre [осётр, "esturgeon"]) ; œufs de poisson ; légumes hachés et assaisonnés, пирог → pâté ; gâteau, пирожок → petit pâté ; petit gâteau, котлета → croquette (de viande, poisson, pommes de terre) (faux ami !), тефтели → boulettes de viande hachée, бефстроганов → bœuf Stroganov (recette préparée à l'origine par un chef français pour un comte russe qui ne voulait sa viande que coupée en lamelles), шашлык → chachlyk, brochettes de mouton grillé, курник → pâté, tourte au poulet, расстегай → rastégaï, pâté au poisson, кулебяка → koulebiaka, feuilleté (farci au poisson, à la viande, aux choux), селянка → plat de hachis de viande ou de poisson et de choux, пельмени → pelmènes, raviolis à la russe, голубец → goloubetz (feuilles de chou farcies de riz et de viande hachée), компот → fruits au sirop (faux ami !), кисель m. → kissel, gelée de fruits à la fécule, пирожное → pâtisserie, gâteau, торт → tarte ou gâteau à la crème, ватрушка → vatrouchka, tarte au fromage blanc (cousin russe du cheese-cake), лимонник → tourte au citron, оладья → beignet, кулич → koulitch, baba de Pâques, печенье → biscuits, gâteaux secs, вареники → varéniki, oreillettes farcies (aux fruits, au fromage blanc), наполеон → millefeuille, варенье → confiture

■ Первый блин комом.

La première crêpe est en boule.

→ On réussit rarement du premier coup.

! Блин → crêpe à la russe ou "bline" (pl. blini) (diminutif : блинчик), accompagné de crème fraîche (сметана), caviar (икра) ou de confiture. Les blini eurent une signification rituelle pour les Slaves à l'ère préchrétienne parce qu'ils furent un symbole du soleil dû à leur forme arrondie. Ils étaient traditionnellement cuits à la fin de l'hiver pour honorer la renaissance du soleil (la semaine des blini, ou масленица). Cette tradition fut adoptée par l'Église orthodoxe et est célébrée encore aujourd'hui.

■ Печь как блины.

Faire cuire au four comme des crêpes.

→ Préparer qqch vite et en grande quantité.

! À ce jour, le processus d'élaboration des blini s'appelle "cuire au four", même s'ils sont cuits à la poêle comme des crêpes ou des pancakes.

■ Дырка от бублика.

Un trou de craquelin.

→ Des nèfles. / Rien.

! Surtout employé dans l'expression (attribuée à Maïakovski) : кому бублик, а кому дырка от бублика à qui un craquelin, et à qui un trou de craquelin. Le бублик russe ressemble au doughnut américain.

■ Без вина правды не скажешь.

Sans vin on ne peut pas dire la vérité.

→ In vino veritas.

Boissons alcoolisées russes :

вино → vin (les meilleurs sont les vins géorgiens, moldaves et de Crimée), шампанское → vin mousseux (rien à voir avec le champagne de France !), квас → kvas, boisson acidulée à base de malt et de farine de seigle ou boisson faite avec du jus de fruit fermenté, пиво (светлый, тёмный) → bière (blonde, brune), коньяк → cognac, водка → vodka (nombreuses variétés : перцовка, poivrée, зубровка, à l'herbe de bison, etc.), ликёр → liqueur

■ Голод не тётка <пирожка не подсунет>.

*La faim n'est pas une tante [*i.e. *une bonne âme] <elle ne va pas [te] glisser un petit pâté>.*

→ On ne peut pas vivre sans manger. / Nécessité fait loi.

■ Голодное брюхо к учению глухо.

*Un ventre affamé est sourd aux belles paroles [*i.e. *à l'enseignement].*

→ Ventre affamé n'a pas d'oreilles.

■ Допиться до чёртиков.

Boire jusqu'aux diablotins.

→ Se soûler à mort.

■ Покуда ем, я глух и нем.

Quand je mange, je suis sourd et muet.

→ Quand je mange, je n'entends rien.

! *Défauts physiques :*

слепой → aveugle, одноглазый → borgne, глухой → sourd, немой → muet, глухонемой → sourd-muet, калека m. ou f. → estropié(e)

■ С жиру беситься.

Devenir enragé à cause de la graisse.

→ Devenir capricieux à force de trop bien vivre.

■ Не фунт изюму.

Ce n'est pas une livre de raisins secs.

→ Ce n'est pas de la rigolade.

■ Быть с изюминкой.

Être avec un petit raisin sec.

→ Avoir du chien.

■ Вновь испечённый.

Tout juste cuit à point.

→ Frais pondu (émoulu). / Récemment promu.

■ Он тёртый калач.

C'est un petit pain frotté.

→ C'est un vieux de la vieille.

! Калач → petit pain blanc tressé en forme de cadenas.

■ Сам заварил кашу, сам и расхлёбывай.

Tu as fait cuire la bouillie de gruau toi-même, mange-la toi-même.

→ Qui casse les verres, les paye.

! Noter : заварить кашу, "créer des complicatiopns", расхлёбывать кашу за других, "payer les pots cassés".

■ Каши маслом не испортишь.

On ne gâte pas la bouillie de gruau avec du beurre.

→ Abondance de biens ne nuit pas.

■ С ним каши (пива) не сваришь.

On ne peut pas faire cuire la bouillie de gruau (brasser la bière) avec lui.

→ Il n'y a pas moyen de s'entendre avec lui.

■ Ни за какие коврижки.

Pour aucun pain d'épice.

→ Pour rien au monde.

■ Выделывать (Выписывать) кренделя <ногами>.

Imiter les craquelins <avec les jambes>.

➔ Tituber [d'un ivrogne].

! Le pluriel courant est en -и ; noter aussi cette expression : ни за какие крендели, "pour rien au monde".

Autres doublets distingués par le pluriel -ы (и) / -а (я) (liste non exhaustive) :

хлебы (pains) / хлеба (céréales sur pied), мехи (outres en peau, soufflets) / меха (fourrures), соболи (zibelines) / соболя (fourrures de zibelines), образы (formes – artistiques ou littéraires) / образа (icônes), счёты (comptes à régler, boulier) / счета (comptes en banque), поясы (zones géographiques) / пояса (ceintures), пропуски (lacunes) / пропуска (laissez-passer), учители (maîtres) / учителя (professeurs, instituteurs), тормозы (freins – sens figuré) / тормоза (freins – sens propre), лагери (camps politiques) / лагеря (camps de vacances, de prisonniers), верхи (sommets) / верха (parties supérieures des chaussures, chapeaux, voitures), адресы (salutations écrites) / адреса (adresses), проводы (adieux – pas de singulier) / провода (fils), ордены (ordres – monacaux ou architecturaux) / ордена (décorations), ордеры (ordres architecturaux) / ордера (mandats, bons de caisse), тоны (tons – sons, etc.) / тона (tons – couleurs, airs), кондукторы (conducteurs électriques) / кондуктора (receveurs des transports).

Noter encore (doublets distingués par le pluriel -ы (и) / -ья) :

крюк : крюки (pitons) / крючья (crochets), камень : камни (pierres) / каменья (pierres précieuses), корень : корни (racines) / коренья (racines comestibles), кол : колы (mauvaises notes) / колья (pieux), повод : поводы (prétextes) / поводья (brides), зуб : зубы (dents – d'homme ou d'animal) / зубья (dents – d'objet), клок : клоки (gros lambeaux) / клочья (petits lambeaux), лист : листы (feuilles de papier ou de métal) / листья (feuilles d'arbre), уголь : угли (charbons) / уголья (braise). Et aussi : сын : сыновья (fils) / сыны (fils – sens figuré : de la patrie, etc.).

■ Лапшу на уши вешать.
Accrocher des nouilles aux oreilles.
➔ Raconter des bobards.

■ Разбиться (Расшибиться) в лепёшку.
Se fracasser en galette.
➔ Se mettre en quatre.

■ У меня маковой росинки во рту не было.
Je n'ai pas eu une goutte de rosée de pavot dans la bouche.
➔ Je suis à jeun.

■ <Всё> идёт как по маслу.
<Tout> va comme sur du beurre.
➔ Ça marche comme sur des roulettes. / Cela va tout seul.

■ Кататься как сыр в масле.
Glisser comme du fromage dans du beurre.
➔ Être comme un coq en pâte.

■ Чепуха на постном масле.
Sottise sur de l'huile de carême.
➔ Triple sottise.

■ На языке мёд, а в сердце лёд.
Sur la langue le miel et dans le cœur la glace.
➔ Bouche de miel, cœur de fiel.

■ Ложка дёгтя (дёгтю) в бочку (бочке) мёда (мёду).
Une cuillère de goudron dans un tonneau de miel.
➔ Un peu de fiel gâte beaucoup de miel.

■ Сахар Медович.
Sucre fils de Miel.
➔ Tout sucre et miel.

■ Насолить кого-л.

Saler qqn.

→ Faire une crasse à qqn.

■ Хлебнуть огурчика.

Avaler une gorgée de cornichon.

→ Boire la tasse.

■ Снимать пенки.

Retirer la peau du lait.

→ S'attribuer la meilleure part (du travail d'autrui).

> ! *Crèmes et laitages :*
>
> пенки → peau du lait, сливки → crème de lait, crème fraîche (сливки общества, "crème de la société, gratin"), сбитые сливки → crème fouettée, crème Chantilly, сметана → crème fermentée, crème aigre, крем → crème (sur la tarte), entremets, крем-брюле indéclinable → crème renversée, йогурт → yaourt, yogourt, кислое молоко → lait caillé, кумыс → koumys, boisson fermentée à base de lait de jument (préconisée au XIXe siècle contre la tuberculose)

■ Пир горой.

Un festin comme une montagne.

→ Une fête à tout casser. / Une bombance.

■ В чужом пиру похмелье.

Au banquet d'autrui [on a] la gueule de bois.

→ Payer les pots cassés.

■ Один пирог два раза не съешь.

On ne peut pas manger deux fois le même pâté.

→ On ne peut pas être à la fois au four et au moulin.

- Ешь пирог с грибами, держи язык за зубами.
  Mange un pâté au champignons, tiens ta langue derrière les dents.
  → Trop parler nuit, trop gratter cuit.

- Пироги с котятами.
  Des pâtés aux chatons.
  → Des absurdités.

- Кнут и пряник.
  Le fouet et le pain d'épice.
  → La carotte et le bâton.

- Пьян в дым / в лоск / как сапожник / как стелька (в стельку).
  Ivre en fumée / au lustre / comme un cordonnier / comme une (en) semelle.
  → Soûl comme une grive (comme un Polonais).

- Любишь смородину, люби и оскомину.
  Tu aimes la groseille, aime aussi l'agacement dans les dents.
  → On n'a rien sans rien.

- Ни под каким соусом.
  Sous aucune sauce.
  → Sous aucun prétexte.

- На халяву и уксус сладок.
  Quand il est gratuit, même le vinaigre est doux.
  → Ce qui est gratuit est sans valeur.
  ! Халява (régional) → "tige de botte", "souillon", "chose gratuite".

- Перебиваться с хлеба на квас.
  Vivoter de pain en kvas.
  → Vivre au jour le jour. / Tirer le diable par la queue.

! *Le pain :*

белый, чёрный хлеб → pain blanc, noir, булка (diminutif булочка) → petit pain ; булочная → boulangerie, сдобная булка → brioche, батон → pain long, baguette, бутерброд → tartine, sandwich

■ Уйти несолоно хлебавши.

Partir en ayant mangé non salé.

→ Rentrer bredouille (les mains vides).

! Хлеб-соль pain-sel, "hospitalité" ; хлеб да соль ! → "soyez le bienvenu !" ; хлебосол → "personne hospitalière". Moscou est surnommée traditionnellement Москва хлебосольная Moscou l'hospitalière.

■ Давать на чай.

Donner pour le thé.

→ Donner un pourboire.

! чаевые → pourboire.

Façons de boire le thé (чаепитие) :

вприкуску → avec un morceau de sucre dans la bouche

внакладку → avec un morceau de sucre dans la tasse

■ Попал(ся) как кур во щи.

Il a été pris comme un coq dans la soupe aux choux.

→ Il est tombé dans le panneau (le pétrin).

! *Verbes pronominaux.*

Se souvenir qu'à un verbe pronominal russe ne correspond pas nécessairement un verbe pronominal français et réciproquement : бояться → "avoir peur", смеяться → "rire", гулять → "se promener".

Les pronominaux russes expriment le réfléchi (одеваться), le réciproque (обниматься), le passif (отправляются мандарины) et d'autres valeurs (faculté permanente : кусаться, état du sujet хочется, спится).

Parfois concurrence avec le verbe réfléchi (en себя) : чувствовать себя (se sentir) / чувствоваться (se faire sentir), спастись / спасти себя (idée d'intention). Il peut y avoir ambiguïté entre les sens passif et actif : собираются дети ("se rassemblent" / "sont rassemblés"). Parfois, il y a équivalence ou de légères nuances entre un verbe simple et un verbe pronominal : светить/светиться (plus faiblement), краснеть (rougir) / краснеться (rougeoyer), решить/ решиться (plus fort), …

- Профессор кислых щей.

  *Professeur de soupe à la choucroute (*ou *de kvas mousseux).*

  → Pompeux cornichon.

! *Soupes :*

суп → soupe, potage (en général), суп-пюре 2e partie indéclinable → crème, velouté, щи → soupe aux choux, борщ → borchtch, soupe aux betteraves, уха → soupe de poissons, рассольник → potage aux concombres, окрошка → okrochka, soupe froide au kvas (avec viande ou poisson hachés), солянка → potage épicé et salé.

■ Это выеденного яйца не стоит.
Ça ne vaut pas un œuf mangé à l'intérieur.
→ Il n'y a pas de quoi fouetter un chat.

! *Les œufs :*

омлет → omelette, яичница → omelette ; œufs brouillés, (я.-)болтунья → œufs brouillés, (я.-)глазунья → œufs au (sur le) plat, œufs au miroir, яйцо в мешочек → œuf mollet (cocotte), яйцо всмятку → œuf (à la) coque, яйцо вкрутую (крутое) → œuf dur, омлет-сюрприз → omelette norvégienne

ОДЕЖДА : *LES VÊTEMENTS*

■ Брань на вороту не виснет.

Les jurons ne pendent pas au col.

→ Les jurons [et les offenses] s'oublient très vite.

! Sauf ici, ворот a le prépositionnel en -е : шов на вороте.

■ Посадить в калошу.

Mettre dans un caoutchouc [chaussure].

→ Mettre en boîte.

Quelques sortes de chaussures (обувь) :

тапочки f. → chaussons, сапоги m. → bottes, ботинки m. (génitif pluriel Ø) → chaussures montantes, bottines, боты, ботики → snow-boots (faux ami !), башмак → soulier montant, валенки m. (génitif pluriel Ø)→ bottes de feutre, туфли f. → chaussures basses et légères ; pantoufles, сандалии f. → sandales, босоножки f. → nu-pieds, tongs, кроссовки f. → chaussures de sport, теннисные туфли → tennis, кеды m. → baskets, лапоть m. → soulier de tille, sandale tressée (ancien), калоша → caoutchouc (qui recouvre la chaussure contre les intempéries) (du français galoche). носки m. → chaussettes (basses), socquettes, носкигольф → chaussettes montantes, чулки m. (génitif pluriel Ø) → bas (синий чулок, "bas-bleu"), портянки f. → chaussettes russes (bandes d'étoffe)

■ Держи карман шире !

*Tiens ta poche [*i.e. *ton sac] [ouverte] plus large !*

→ Compte là-dessus et bois de l'eau !

■ За словом в карман не лезет.
[Quand il a besoin d']un mot, il ne va pas le chercher dans sa poche.
➔ Il n'a pas la langue dans sa poche.

■ Не мытьём, так катаньем.
Pas avec le lavage, alors avec le calandrage [essorage].
➔ Par tous les moyens, bons ou mauvais.

! Accent régional. Accent standard : катанье.

■ Он промок до нитки.
Il est trempé jusqu'au fil.
➔ Il est trempé jusqu'aux os (comme une soupe).

■ По одежде встречают, по уму провожают.
On accueille selon l'habit, on raccompagne selon l'esprit.
➔ Il ne faut pas juger les gens sur la mine.

! одежда ➔ habit(s), vêtement(s), платье ➔ vêtements (de dessus) ; robe

■ Быть одетым с иголочки.
Être habillé [comme tout juste tiré] de la petite épingle.
➔ Être tiré à quatre épingles. / Être sur son trente et un.

■ Втирать очки.
Frotter les lunettes.
➔ Monter un bateau. / En faire accroire.

■ Он ему в подмётки не годится.
Il ne convient pas à ses semelles.
➔ Il ne lui arrive pas à la cheville.

! подмётка ➔ semelle (neuve, de ressemelage) (подбить подмётку ➔ ressemeler), подошва ➔ semelle

■ Заткнуть кого-л. за пояс.

Accrocher qqn à sa ceinture.

➔ Damer le pion à qqn. / Surpasser qqn.

! Accent sur la préposition. Mais, au sens propre : заткнуть что-л. за пояс, “mettre qqch à la ceinture”.

■ Разодеться в пух и прах.

Se parer en duvet et poussière.

➔ Se mettre sur son trente et un. / S’endimancher.

■ В чём (Как) мать родила.

Dans quoi (Comment) sa mère l’a mis au monde.

➔ Dans le costume d’Adam.

■ Своя рубаха ближе к телу.

Sa propre chemise est plus près du corps.

➔ Charité bien ordonnée commence par soi-même.

! *Chemises :*

рубаха, рубашка ➔ chemise (de dessus) (рубаха-парень un gars-chemise, “un brave garçon facile à vivre”), сорочка ➔ chemise, ковбойка ➔ chemise à carreaux (de cow-boy), блуза ➔ blouse, блузка ➔ corsage, chemisier, майка ➔ tricot de corps, maillot, T-shirt, футболка ➔ T-shirt (de football), свитер ➔ pull léger, sweat-shirt, sweater, пуловер, джемпер ➔ pull(-over), фуфайка ➔ tricot, chandail

■ Спустя рукава.

En abaissant les manches.

➔ Par-dessous la jambe. / Par-dessus l’épaule.

! Gérondif passé (perfectif) en -я phraséologique (à côté de спустив).

■ Держать в ежовых рукавицах.
Tenir dans des moufles de hérisson.
➔ Serrer la vis.

■ Два сапога пара.
Les deux bottes sont une paire.
➔ Les deux font la paire.

■ Сапоги всмятку.
Des bottes [cuites] à la coque.
➔ Du grand n'importe quoi.

■ Родиться в сорочке (рубашке).
Être né dans une chemise.
➔ Être né coiffé (sous un bon jour).

■ Стричь всех под одну гребёнку.
Tondre tout le monde avec un seul et même peigne.
➔ Traiter tout le monde sur le même pied. / Niveler.

■ Шапками закидаем.
Nous [vous] recouvrirons de [nos] toques.
➔ C'est dans la poche. / La victoire est assurée.

! *Couvre-chefs* (головные уборы) :

шапка ➔ toque, bonnet (fourré) (Красная Шапочка, "le Petit Chaperon rouge"), шляпа ➔ chapeau (mou) (он шляпа, "il est un peu nouille"), кепка ➔ casquette (civile, anglaise),
картуз ➔ casquette de marchand (ancienne),
фуражка ➔ casquette d'uniforme, козырёк ➔ visière (сделать под козырёк, porter la main à la visière, faire le salut militaire),
тюбетейка ➔ tubeteïka, calotte brodée orientale, берет ➔ béret (d'homme ou de femme), косынка ➔ fichu

■ Дело в шляпе.

L'affaire est dans le chapeau.

➔ L'affaire est dans le sac.

■ Наложить в штаны.

Remplir ses culottes.

➔ Faire dans son pantalon. / Avoir la trouille.

! *Pantalons :*

брюки f. ➔ pantalon long (classique), штаны m. ➔ pantalon (collant, de ski, etc.), culotte, короткие штаны ➔ culottes courtes, шаровары ➔ pantalon bouffant (de cosaque), джинсы m. ➔ jeans, шорты m. ➔ short, трусы, трусики m. ➔ culotte de sport ; caleçon, slip, кальсоны m. ➔ caleçon, плавки f. ➔ caleçon (slip) de bain

■ Не шубу шить из этого.

Il n'y a pas de quoi en coudre une pelisse.

➔ Il n'y a rien à en tirer.

! *Manteaux (anciens et modernes) :*

манто, пальто indéclinables ➔ manteau, pardessus, шуба ➔ pelisse, поддёвка ➔ pelisse doublée (cintrée à plis jusqu'à la ceinture), плащ ➔ manteau léger, imperméable, халат ➔ blouse de travail ; robe de chambre, пиджак ➔ veste, veston, жилет ➔ gilet, костюм ➔ costume, куртка ➔ blouson, anorak ; tunique d'écolier, кофта ➔ veste de lainage, blouse, тулуп ➔ peau de mouton, touloupe (paysanne), армяк ➔ manteau de paysan, de camelot, фартук ➔ tablier, кафтан ➔ cafetan, мундир ➔ uniforme, grande tenue, шинель ➔ capote, manteau, сюртук ➔ redingote, surtout, жакет ➔ jaquette

ДОМ, СЕМЬЯ, ХОЗЯЙСТВО, ДЕНЬГИ, СПОРТ
LA MAISON, LA FAMILLE, L'ÉCONOMIE, L'ARGENT, LE SPORT

■ <Это> бабушка <ещё> надвое сказала.
<C'est> grand-mère <qui> l'a <encore> dit de façon ambiguë.
➔ Ce n'est pas encore démontré. / Qui vivra verra.

La famille russe :

родственники, родные ➔ parents, parentèle, родители ➔ parents (père et mère), отец, мать ➔ père, mère, крёстный отец, крёстная мать ➔ parrain, marraine

брат, сестра ➔ frère, sœur, сводный брат, сводная сестра ➔ demi-frère, demi-sœur

сын, дочь (дочка) ➔ fils, fille

дед(ушка), бабушка (бабка) ➔ grand-père, grand-mère (со стороны отца ➔ paternel, со стороны матери ➔ maternel), прадед(ушка), прабабушка (прабабка) ➔ arrière-grand-père, arrière-grand-mère

внук, внучка ➔ petit-fils, petite-fille (внучата ➔ petits-enfants), правнук, правнучка ➔ arrière-petit-fils, arrière-petite-fille (правнучата ➔ arrière-petits-enfants)

дядя, тётя ➔ oncle, tante, двоюродный дед(ушка), двоюродная бабушка ➔ grand-oncle, grand-tante, двоюродный прадед, двоюродная прабабка ➔ arrière-grand-oncle, arrière-grand-tante

племянник, племянница ➔ neveu, nièce, внучатый

племянник, внучатая племянница → petit-neveu, petite-nièce, двоюродный правнук, двоюродная правнучка → arrière-petit-neveu, arrière-petite-nièce

двоюродный брат (кузен), двоюродная сестра (кузина) → cousin (germain), cousine (germaine), двоюродный племянник → petit-cousin, троюродный брат, троюродная сестра → petit-cousin (au 3e degré, issu de germains), petite-cousine (au 3e degré, issue de germains)

зять ; пасынок → beau-fils (gendre ; fils d'un premier lit), невестка, сноха ; падчерица → belle-fille (bru : pour sa belle-mère, pour son beau-père ; fille d'un premier lit)

свёкор, тесть, сват ; отчим → beau-père (père du mari, père de la femme, père du gendre ou de la bru ; second mari de la mère), свекровь, тёща ; мачеха → belle-mère (mère du mari, mère de la femme ; seconde femme du père)

зять, деверь, шурин, свояк → beau-frère (mari de la sœur ou de la sœur du mari, frère du mari, frère de la femme, mari de la sœur de la femme), невестка, золовка, свояченица → belle-sœur (femme du frère ou du frère du mari ou du frère de la femme, sœur du mari, sœur de la femme)

Il faut préciser qu'en dehors des termes тесть, тёща, свёкор, свекровь, зять, невестка, on préfère recourir à des périphrases. Le père et la mère de l'époux sont pour le père et la mère de l'épouse et réciproquement сват, сватья.

■ Расскажите это своей бабушке.
Racontez cela à votre grand-mère.
→ À d'autres !

■ От слова до дела бабушкина верста.
De la parole à l'action il y a une verste de grand-mère.
→ Plus facile à dire qu'à faire.

Mesures russes anciennes :

верста → verste (1, 067 km) (За версту au-delà d'une verste, "(de) très loin", сажень f. → sagène (2, 13 m) (Косая сажень в плечах une sagène de travers dans les épaules, "large d'épaules"), аршин → archine (0, 71 m) et règle de cette longueur (Как (Словно, Будто) аршин проглотил comme s'il avait avalé une toise, comme s'il avait avalé un parapluie. Мерить на свой аршин mesurer à son archine, "mesurer à son aune"), фут → pied (30, 5 cm), вершок → verchok (4, 4 cm), дюйм → pouce (0,25 cm)

■ Точить балясы.

Affûter des colonnes de rampe affûtées.

→ Dire des balivernes.

■ Волынку тянуть.

Traîner sa volinka [sorte de biniou aux sons traînants, monotones].

→ Traîner en longueur [en parlant].

Quelques instruments de musique :

рояль m. → piano à queue, пианино indéclinable → piano droit, аккордеон → accordéon, гармоника, гармонь f., гармошка → accordéon (diatonique), губная гармоника (гармонь) → harmonica, баян → accordéon (chromatique), орган → orgue, балалайка → balalaïka, гитара → guitare, скрипка → violon, альт → alto, виолончель f. → violoncelle, контрабас → contrebasse, арфа → harpe, флейта → flûte, валторна → cor d'harmonie, тромбон → trombone, труба → trompette, фагот → basson, барабан → tambour, литавр → timbale, тарелка → cymbale, свирель m. → chalumeau

■ В гостях хорошо, а дома лучше.

En visite [chez les autres] c'est bien, mais à la maison c'est mieux.

→ Rien ne vaut son chez-soi.

Les pièces de la maison :

прихожая, передняя → entrée, гостиная → salon, séjour, столовая → salle à manger, спальня → chambre à coucher, кабинет → bureau, cabinet de travail, кухня → cuisine, ванная → salle de bains, туалет → toilettes, уборная → W.-C., подвал → cave, sous-sol, погреб → cellier, cave, чердак → grenier

■ Гроша ломаного не стоить.

Ne pas valoir une pièce d'un demi-kopeck cassée en deux.

→ Ne pas valoir un clou.

Monnaies russes :

рубль → rouble, копейка → kopeck (→ 1/100 de rouble) (копейка рубль бережёт un kopeck épargne un rouble, "un sou est un sou" ; перебиваться с копейки на копейку, "tirer le diable par la queue")

Anciennes :

червонец → tchervonetz (ancienne pièce d'or, aux XVIIIe-XIXe siècles, de 3 roubles [fam. de 5 ou 10 roubles] [ou червонный] ; ancien billet de 10, 20, 30, 50, 100, 250 ou 500 roubles [de 1922 à 1947] ; en argot billet de 10 roubles), полтинник → demi-rouble, четвертак → quart de rouble, двугривенный → pièce de 20 kopecks, гривна, гривенник → pièce de 10 kopecks, пятак (пятачок) → pièce de 5 kopecks, алтын → pièce de 3 kopecks, грош → demi-kopeck ; "sou" (ни за грош "pas pour un sou". Attention à l'accent du pluriel : гроши, "très petite somme d'argent" : это стоит гроши et гроши, "demi-kopecks" : нет грошей), денежка → demi-kopeck (денежка рубль бережёт, "centime épargné en vaut deux"), полушка → quart de kopeck (остаться без полушки, "rester sans un sou vaillant" ; ни на полушку, "pas pour un sou")

Un certain nombre de pièces et billets étaient jadis désignés d'après leur couleur (le féminin sous-entend бумажка, "billet") : жёлтенькая → 1 rouble, зелёненькая → 3 roubles, синенькая (синяя, синюга, синюха, синица) → 5 roubles, красненькая (красная) → 10 roubles, беленькая → 25 roubles, радужная → 100 roubles. Noter encore : лимон citron → billet de 1 million de roubles (années 1920), румяная, рыженькая → 10 roubles (URSS), синяя → 25 roubles (URSS), зелёная (зелёненькая) → 50 roubles (URSS), беляшка → pièce de 10, 15 ou 20 kopecks, рыжий → pièce de 1 rouble, рыжая, рыжачок → pièce d'or de 5 roubles, рыжий, рыжик → pièce d'or de 10 roubles

■ Сначала густо, а потом пусто.

D'abord c'est épais, mais ensuite c'est vide.

→ Manger son pain blanc le premier.

■ Быть не ко двору.

Ne pas être [adapté] à la cour.

→ Ne pas être à sa place. / Ne pas convenir.

■ Дело на мази.

L'affaire est sur de l'onguent.

→ L'affaire est en bonne voie (prend bonne tournure).

! Sauf ici, le prépositionnel de мазь n'a pas l'accent final : на мази.

■ Деньга деньгу родит.

L'argent engendre l'argent.

→ L'argent attire l'argent.

! Деньга → "pièce d'un demi-kopeck" ; pop. "argent". Ne s'emploie plus en russe moderne qu'au pluriel : деньги → "argent".

■ Деньги – дело наживное.

L'argent est une chose qu'on peut acquérir.

→ Plaie d'argent n'est pas mortelle.

■ Бросать деньги на ветер.

Jeter l'argent au vent.

➔ Jeter l'argent par les fenêtres.

■ У него денег куры не клюют.

Chez lui les poules ne picorent pas l'argent.

➔ Il est cousu d'argent (d'or).

■ За спрос денег не берут.

On ne prend pas d'argent pour une demande.

➔ Ça ne coûte rien de demander.

■ Сорить деньгами.

Salir [Répandre des saletés] avec de l'argent.

➔ Jeter l'argent par les fenêtres.

■ Долг платежом красен.

La dette est belle par le paiement.

➔ Donnant donnant. / Qui paye ses dettes s'enrichit.

! Ici красный ➔ "beau" et non "rouge" (symbole de la beauté).

■ У него не все дома.

Chez lui tout le monde n'est pas là.

➔ Il a une case en moins.

■ Дым стоит коромыслом.

La fumée est en forme de palanche.

➔ Tout est sens dessus dessous. / C'est une foire.

■ Куй железо пока горячо.

Forge le fer pendant qu'il est chaud.

➔ Il faut battre le fer pendant qu'il est chaud.

! *Métaux :*

сталь → acier (Cf. Сталин, “l’homme d’acier”), железо → fer, жесть f. → fer blanc, алюминий → aluminium, олово → étain, медь f. → cuivre, цинк → zinc, свинец → plomb, ртуть f. → mercure, золото → or, серебро → argent

■ Без меня меня женили.
On m’a marié sans moi.
→ Les absents ont toujours tort.

! *Le mariage* :

жениться на + prépositionnel → se marier (homme), выходить / выйти замуж за + accusatif → se marier (femme), жениться / (по)жениться → se marier (couple), женить / (по)женить → marier (homme ou couple), выдавать / выдать замуж за + accusatif → marier (une femme) ; женатый (женат) (на + prépositionnel) → marié (homme), замужняя (замужем) (за + instrumental) → mariée (femme) ; муж и жена → mari et femme (époux et épouse), супруги → époux, жених и невеста → fiancé et fiancée, новобрачные, молодожёны → jeunes mariés ; брак, женитьба → mariage, свадьба → noce

■ Он у жены под каблуком (башмаком).
Il est sous le talon (le soulier) de [chez] sa femme.
→ C’est sa femme qui porte la culotte.

■ Не красна изба углами, <а> красна пирогами.
L’isba n’est pas belle par ses coins, <mais> elle est belle par ses gâteaux.
→ La belle cage ne nourrit pas l’oiseau.

! Красный угол → coin particulier de l’isba où sont placées les icônes. Ici красный → “beau” et non “rouge” (symbole de la beauté).

L’isba : образ, икона → icône, лампада → veilleuse de l’icône, сени

→ vestibule de l'isba, лавка → banc, печь (печка) → poêle (cubique, en briques, de vastes dimensions, et qui servait aussi de four ; on pouvait coucher à plusieurs sur sa partie haute, tiède)

■ Не выноси сора из избы.

N'emporte pas les saletés hors de l'isba.

→ Il faut laver son linge sale en famille.

■ Клин клином вышибается (вышибают).

On ôte [en enfonçant] un coin au moyen d'un coin.

→ Un clou chasse l'autre. / Il faut soigner le mal par le mal.

■ Последняя спица в колеснице.

Le dernier rayon du char.

→ La cinquième roue du carrosse.

Modes de transport russes anciens :

1 - véhicules non couverts (employés avec на) :

повозка → nom générique des voitures à caisse, sans dessus, воз → charrette (баба с воза, коню легче la paysanne [descend] de la charrette, c'est plus léger pour le cheval, "bon débarras !"), телега → télègue, char de paysans à 4 roues, тележка → charrette, carriole, дровни → traîneau de charge droit, розвальни → traîneau de charge à montants évasés, дроги → longue plate-forme montée sur roues, дрожки → voiture très légère, chariot, сани → traîneau, шарабан → char à bancs, линейка → long char à 4 roues, à banc unique dans le sens de la longueur

2 - véhicules à chevaux avec toit (верх) dits экипажи (employés avec в) :

карета → landau fermé, coupé, carrosse, коляска, бричка → calèche décapotable, пролётка → victoria légère décapotable, одноколка → cabriolet, возок → traîneau fermé, кибитка → voiture bâchée, carriole, тарантас → voiture de voyage, char léger

■ Беречь копеечку про чёрный день.

*Garder un petit kopeck pour le jour noir [*i.e. *les mauvais jours].*

→ Garder une poire pour la soif.

■ Влететь в копеечку.

Voler dans un petit kopeck.

→ Revenir très cher. / Coûter bonbon.

■ Остаться у разбитого корыта.

Rester à côté de l'auge cassée.

→ Être Gros-Jean comme devant.

! D'après les *Сказки о рыбаке и рыбке* de Pouchkine.

■ Нашла коса на камень.

La faux a heurté une pierre.

➔ Il a trouvé plus fort que lui. / Tomber sur un os.

! Pierres (камни) :

кремень m. ➔ silex, глина ➔ argile, песчаник ➔ grès,
мрамор ➔ marbre, гранит ➔ granit, алебастр ➔ albâtre

■ Плохо лежать.
Être mal couché.
➔ Être facile à voler. / Traîner [objets].

■ Навострить лыжи.
Aiguiser les skis.
➔ Prendre la poudre d'escampette.

■ На бедного Макара все шишки валятся (летят).
Sur le pauvre Macaire tombent (volent) toutes les pommes de pin.
➔ Il est abonné au guignon.

! Макар ➔ type populaire du personnage malchanceux.

■ Дело мастера боится.
L'ouvrage craint le maître-artisan.
➔ À l'œuvre on connaît l'artisan.

■ Принять за чистую монету.
Prendre pour monnaie nette.
➔ Prendre pour argent comptant.

■ Отплатить той же монетой.
S'acquitter avec la même monnaie.
➔ Rendre la monnaie de sa pièce.

■ Перемелется, мука будет.
Ça se moudra, il y aura de la farine.
➔ Ça finira bien par s'arranger.

■ У семи нянек дитя без глазу.
Auprès de sept petites nounous l'enfant est sans œil [i.e. surveillance].
➔ La barque qui a plusieurs pilotes court droit au naufrage.

■ Палка о двух концах.
Un bâton à deux bouts.
➔ Une arme à double tranchant.

■ Что написано пером, не вырубишь топором.
Ce qui est écrit avec une plume, on ne l'abattra pas avec une hache.
➔ La parole s'envole et les écrits restent.

■ Танцевать от печки.
Danser en partant du poêle.
➔ Commencer par le commencement.

■ Пиши пропало.
Écris [que] ça a disparu.
➔ Tu peux en faire ton deuil.

■ Мягко стелет, <да> жёстко спать.
Il fait un lit moelleux, <mais> on y dort en dur.
➔ Main de fer dans un gant de velours.

! Стлать (стелет) / постлать ➔ faire son lit (cf. постель).
Постель ➔ lit (avec la literie) ; кровать ➔ lit (meuble).
Noter la nuance : лежать в постели, "être malade, alité" ; лежать на постели, "se reposer".

■ Плевать в потолок.
Cracher dans le plafond.
➔ Se tourner les pouces.

■ Взять с потолка.

Prendre du plafond.

➔ Dire ce qui passe par la tête.

■ Жить припеваючи.

Vivre en chantonnant.

➔ Être (Vivre) comme un coq en pâte. / Se la couler douce.

! Gérondif présent en -ючи / учи folklorique et dialectal.
Aussi : играючи "sans effort, facilement", умеючи, "avec savoir-faire, habilement", крадучись, "à pas de loup", украдучись, "furtivement, en cachette", поючи, жалеючи, знаючи, глядючи, едучи, идучи.

■ Лезть на рожон.

Grimper sur le pieu [affûté].

➔ Foncer aveuglément devant soi [et s'attirer des ennuis].

■ Садиться не в свои сани.
Monter dans un traîneau qui n'est pas à soi.
→ S'occuper des affaires d'autrui.

■ Любишь кататься, люби и саночки возить.
Si tu aimes faire de la luge, aime aussi la remonter.
→ Qui veut la fin, veut les moyens.

■ Игра не стоит свеч.
Le jeu n'en vaut pas les chandelles.
→ Le jeu n'en vaut pas la chandelle.

! Ici, le génitif pluriel de свеча est свеч au lieu de свечей.

■ Ни к селу ни к городу.
Ni vers le village ni vers la ville.
→ Sans rime ni raison. / De but en blanc.

■ Всем сестрам по серьгам.
Des boucles d'oreilles à chacune des sœurs.
→ En parties égales.

! Sauf ici, le datif pluriel de сестра n'a pas l'accent final : сёстрам.

■ Скатертью дорога !
Chemin comme nappe !
→ Bon vent ! / La route est libre !

! À l'origine, vœu positif, la nappe étant symbole de propreté et de régularité.

■ Лезть на стену.
Grimper au mur.
→ Écumer de rage. / En devenir fou.

■ Чувствовать себя как за каменной стеной.
Se sentir comme derrière un mur de pierre.
→ Se sentir en parfaite sécurité.

■ Положить под сукно.
Mettre sous le drap [étoffe recouvrant les bureaux].
→ Mettre sous le tapis. / Laisser une affaire en sommeil.

■ Моя хата с краю <, я ничего не знаю>.
Ma chaumière est de côté <, je ne sais rien>.
→ Ce n'est pas mon problème.

! Хата → "khata" (maison paysanne ukrainienne).

■ Сидеть на чемоданах.
Être assis sur des valises.
→ Être tout en l'air. / Être prêt à partir.

■ Хоть шаром покати.
*Roule [qqch] comme une boule, si tu veux [*i.e. *On y roulerait [qqch] comme une boule].*
→ On n'y trouverait pas un chat. / Rien de rien.

! À l'instrumental de шар, l'accent n'est final que dans cette expression.

■ Шила в мешке не утаишь.
On ne cache pas une alène dans un sac.
→ La vérité finit toujours par percer.

■ Откладывать в долгий ящик.
Repousser dans le long tiroir.
→ Faire traîner en longueur. / Renvoyer aux calendes grecques.

ИСТОРИЯ И ГЕОГРАФИЯ
L'HISTOIRE ET LA GÉOGRAPHIE

■ Идти в гору.

Grimper dans la montagne.

➔ Réussir dans la vie (en affaires).

■ Надеяться на кого-л. как на каменную гору.

Compter sur qqn comme sur une montagne de pierre.

➔ Compter sur qqn comme sur soi-même.

■ Катиться под гору.

Rouler en bas de la montagne.

➔ Se détériorer. / Décliner.

■ Стоять горой за кого-л.

Se tenir comme une montagne pour qqn.

➔ Défendre qqn passionnément.

■ Сулить (Обещать) золотые горы.

Promettre des montagnes dorées.

➔ Promettre monts et merveilles (la lune).

■ Быть не за горами.

Ne pas être au-delà des montagnes.

➔ Ne pas être bien loin.

■ Кричать во всю ивановскую.

Crier dans toute la place d'Ivan.

➔ Crier à tue-tête.

❕ De Ивановская площадь : au Kremlin, place où l'on annonçait les décrets impériaux.

■ Сирота казанская.

Orpheline de Kazan.

➔ Faux pauvre qui cherche à apitoyer.

❕ Expression née après le massacre de la population de Kazan, en 1552, qui fit de nombreux orphelins.

■ Язык до Киева доведёт.

La langue conduit jusqu'à Kiev.

➔ Qui langue a, à Rome va.

❕ Capitale du premier État russe, Kiev était si célèbre qu'on pouvait s'y rendre sans en connaître le chemin, en se contentant d'interroger les passants.

■ Добро тому врать, кто за морем бывал.

*A beau mentir celui qui était au-delà de la mer [*i.e. *à l'étranger].*

➔ A beau mentir qui vient de loin.

❕ Accent sur la préposition. Mais, au sens d'étendue concrète : за морем.

■ Не сразу (Не вдруг) Москва строилась.

Moscou ne s'est pas construite tout d'un coup.

➔ Paris ne s'est pas fait en un jour.

■ Москва от копеечной свечки сгорела (загорелась).

Moscou s'est consumée (enflammée) à cause d'une chandelle d'un kopeck.

➔ Il ne faut qu'une étincelle pour allumer le feu.

■ Москва слезам не верит.

Moscou ne croit pas aux larmes.

→ Qui est très occupé n'a pas le temps d'être malheureux.

! Ce fut notamment le titre d'un célèbre film soviétique oscarisé de 1979.

■ Сбиться с панталыку.

S'égarer hors du bon sens.

→ Perdre la boussole (le nord).

! Панталык serait, selon l'Institut de la langue russe V. V. Vinogradov, la déformation de Пантелик, Pentélique, mont de l'Attique célèbre pour son marbre, sa grotte à stalactites et autres cavernes où il était facile de se perdre.

■ Свет не клином сошёлся.

Le monde ne s'est pas assemblé avec un coin.

→ Il y a assez de place pour tous sous le soleil.

■ Незваный гость хуже татарина.

Le visiteur imprévu est pire qu'un Tatar.

→ Il vient là comme un chien dans un jeu de quilles.

■ В Тулу со своим самоваром не ездят.

On ne va pas à Toula avec son samovar.

→ Rien ne sert d'apporter de l'eau à la rivière.

! Toula était réputée pour ses samovars.

■ Нести турусы на колёсах.

Porter des sornettes sur roues.

→ Dire des sornettes. / Raconter des histoires à dormir debout.

! Турусы désigne à l'origine des tourelles de siège, censées effrayer les assiégés. L'expression a dû d'abord signifier "effrayer par des bobards" puis "raconter des bobards".

■ При царе Горохе (Со времён царя Гороха).

Sous le (Du temps du) tsar Pois.

→ Avant le déluge. / Au temps du roi Dagobert.

! L'expression remonte à un vieux conte narrant les exploits d'un Ivan qui vainquit un cruel dragon à l'aide d'un pois et devint le tsar Pois.

■ Вот тебе, бабушка, <и> Юрьев день.

Voilà pour toi, grand-mère, la Saint-Georges <même>.

→ Nous sommes dans de beaux draps.

! Expression d'un espoir déçu. De la coutume remontant au milieu du XVe siècle, et abolie à la fin du XVIe siècle, autorisant à libérer les serfs de leur attachement à un propriétaire, une semaine avant et une semaine après la Saint-Georges, le 26 novembre.

ВРЕМЯ : *LE TEMPS (QUI PASSE)*

■ Средь (Среди) бела дня.

Au milieu du jour blanc.

➔ En plein jour.

■ Искать вчерашнего дня.

Chercher le jour d'hier.

➔ Chercher midi à quatorze heures.

■ Не по дням, а по часам.

Pas tous les jours mais toutes les heures.

➔ Très vite.

■ После дожди(ч)ка в четверг.

Un jeudi après une petite pluie.

➔ Dans la semaine des quatre jeudis.

■ Сколько лет, сколько зим !

Combien d'étés, combien d'hivers !

➔ Cela fait beau temps que nous ne nous sommes pas vus !

■ У него семь пятниц на неделе.

Il a sept vendredis dans une semaine.

➔ Il change d'opinion comme de chemise.

■ На ночь глядя.

En regardant la nuit.

➔ À la nuit tombante.

■ Тряхнуть стариной.

Secouer l'ancien temps.

➔ Faire comme au bon vieux temps.

■ Утро вечера мудренее.

Le matin est plus sage que le soir.

➔ La nuit porte conseil.

■ Час от часу не легче.

D'heure en heure ce n'est pas plus léger.

➔ Cela va de mal en pis.

■ Через час по <чайной> ложке.

Une cuiller <à thé> toutes les deux heures.

➔ Au compte-gouttes.

ПРИРОДА, ПОГОДА
LA NATURE, LE TEMPS (QU'IL FAIT)

■ Разрядить атмосферу.
Décharger l'atmosphère [de son électricité].
→ Détendre l'atmosphère.

■ Затишье перед бурей.
L'accalmie avant la tempête.
→ Le calme avant la tempête.

Noms des tempêtes en russe :
буря → **en général,** шторм → **sur la mer,** буран, вьюга (пурга), метель (метелица) → **de neige (tempête, tourbillon, chasse-neige),** ураган → **ouragan,** циклон → **cyclone**

■ Ищи ветра в поле <, а правду на дне морском>.
Cherche le vent dans un champ <et la vérité au fond de la mer>.
→ Autant chercher une aiguille dans une botte de foin.

■ Строить воздушные замки.
Construire des châteaux aériens.
→ Bâtir des châteaux en Espagne.

■ Льёт (Дождь льёт) как из ведра.
Ça coule (La pluie coule) comme d'un seau.
→ Il pleut à seaux (à verse).

■ Не под дождём – подождём.
[Nous n'avons] pas [à être] sous la pluie – attendons.
→ Il n'y a pas le feu à la maison.

■ Наломать дров.

Casser une certaine quantité de bois.

➔ Faire du joli.

■ Ни свет ни заря.

Ni lumière ni aube.

➔ Avant le jour.

■ Как (Точно) сквозь землю провалился.

Il a disparu comme à travers la terre.

➔ Il a disparu comme par miracle (sans laisser de traces).

■ Над нами не каплет.

Il ne goutte pas au-dessus de nous.

➔ Il n'y a pas le feu <à la maison>.

■ Прятаться (Уйти) в кусты.

Se cacher (S'en aller) dans les buissons.

➔ Fuir ses responsabilités. / S'en laver les mains.

■ Для меня тёмный лес.
Pour moi, [c'est une] forêt sombre.
➔ Pour moi, c'est du chinois (de l'hébreu).

■ Лес рубят – щепки летят.
[Si] on coupe la forêt, les copeaux volent.
➔ On ne fait pas d'omelette sans casser d'œufs.

■ Сесть в лужу.
Échouer dans la mare.
➔ Faire une gaffe (une ânerie). / Se mettre dans le pétrin.

■ Сидеть <как рак> на мели.
Être échoué <comme une écrevisse> sur un banc de sable.
➔ Être au bout du rouleau (à sec). / Être aux abois.

■ Ему и море по колено.
Même la mer lui arrive aux genoux.
➔ Rien ne lui fait peur.

■ Сидеть у моря и ждать погоды.
Être assis au bord de la mer et attendre le temps [qu'il fait].
➔ Attendre que les alouettes tombent toutes rôties.

! **L'accent est sur la préposition dans cette expression.**

■ Это небо и земля (Это земля и небо).
C'est le ciel et la terre (C'est la terre et le ciel).
➔ C'est le jour et la nuit.

■ Он звёзд с неба не хватает.
Il n'attrape pas les étoiles du ciel.
➔ Il n'a pas inventé la poudre.

■ Как гром с (среди) ясного неба.

Comme un coup de tonnerre venant (au milieu) d'un ciel clair.

➔ Sans crier gare.

■ Небу жарко станет.

Le ciel va avoir chaud.

➔ Ça va faire des étincelles.

■ Под открытым небом.

Sous le ciel ouvert.

➔ À la belle étoile [dormir, etc.].

■ Витать в облаках (между небом и землёй).

Habiter dans les nuages (entre ciel et terre).

➔ Être dans les nuages. / Voyager dans le bleu.

■ Из него песок сыплется.

De lui se répand du sable.

➔ Il secoue les fraises [d'un vieillard].

■ Делать погоду.

Faire le temps.

➔ Faire la pluie et le beau temps.

■ Хоть пруд пруди.

*Barre un étang, si tu veux [*i.e. *À en barrer un étang].*

➔ En veux-tu, en voilà.

■ Коси коса, пока роса.

Fauche, faux, pendant que c'est la rosée.

➔ Il faut battre le fer pendant qu'il est chaud.

■ Как снег на голову.

Comme la neige [tombe] sur la tête.

➔ À l'improviste. / Sans crier gare.

■ Заботиться о чём-л. как о прошлогоднем снеге.

Se soucier de qqch comme de la neige d'antan.

➔ S'en moquer comme de l'an quarante.

■ Из-за этого сыр-бор загорелся.

À cause de cela la forêt de pins humide s'est enflammée.

➔ C'est ce qui a mis le feu aux poudres.

■ Ходить как туча. / Быть мрачным как туча. / Смотреть тучей. / Быть туча тучей.

Aller comme un nuage de pluie. / Être sombre comme un nuage de pluie. / Avoir l'air d'un nuage de pluie. / Être nuage comme nuage.

➔ Avoir l'air maussade.

ВОДА, ОГОНЬ : *L'EAU, LE FEU*

■ Носить воду решетом.

Porter de l'eau dans un tamis.

➔ Piler l'eau dans le mortier. / Battre l'eau avec un bâton.

■ [Исчез, Пропал] как (будто, словно) в воду канул.

[Il a disparu] comme s'il était tombé au fond de l'eau.

➔ Il ne donne aucun signe de vie.

■ И концы в воду.

Et les bouts dans l'eau.

➔ Ni vu ni connu.

! Aussi : прятать концы в воду cacher les bouts dans l'eau, "effacer toutes traces (d'un forfait)".

■ Как в воду опущенный.

Comme descendu dans l'eau.

➔ Abattu. / Découragé.

■ Не зная броду, не суйся в воду.

Si tu ne connais pas le gué, ne t'engage pas dans l'eau.

➔ Il ne faut jamais se lancer à l'aveuglette.

■ Обжёгшись на молоке, будешь дуть и на воду.

T'étant brûlé sur du lait, tu souffleras même sur l'eau.

➔ Chat échaudé craint l'eau froide.

■ Выводить на чистую воду.

Faire sortir dans l'eau pure.

➔ Montrer sous son vrai jour. / Tirer au clair.

■ Он <и> воды не замутит.

Il ne troublera pas <même> l'eau.

➔ Il est doux comme un agneau.

! Accent final. Mais, au sens propre : воды не замутит.

■ Как (Словно) воды в рот набрать.

Faire comme si on se remplissait la bouche d'eau.

➔ Ne pas ouvrir la bouche. / Être muet comme une carpe.

■ Утопить в ложке воды.

Noyer dans une cuiller d'eau.

➔ Dire du mal de qqn dans (son) dos. / Chercher la chicane.

■ Выйти сухим из воды.

Sortir sec de l'eau.

➔ En sortir blanc comme neige. / Passer entre les gouttes.

■ Не плюй в колодец, пригодится воды напиться.

Ne crache pas dans le puits, tu pourrais avoir besoin d'en boire l'eau.

➔ Il ne faut pas dire : « Fontaine (, je ne boirai pas de ton eau) ».

■ Быть тише воды, ниже травы.

Être plus calme que l'eau, plus bas que l'herbe.

➔ Filer doux. / Être sage comme une image.

■ Это ещё вилами на (по) воде писано.

C'est encore écrit avec une fourche sur l'eau.

➔ C'est une affaire dans l'air. / C'est encore fort douteux.

■ Их водой не разольёшь (не разлить).

On ne peut pas les répandre avec de l'eau.

➔ Ils sont comme les deux doigts de la main.

■ Пройти <сквозь> огонь и воду <и медные трубы>.

Passer à travers le feu et l'eau <et des tuyaux de cuivre>.

➔ En avoir vu de toutes les couleurs.

! D'après un conte.

■ Попасть из огня да в полымя.

Tomber de feu en flamme.

➔ Tomber de Charybde en Scylla. / Aller de mal en pis.

! Полымя correspond en russe moderne à пламя.

■ Предать огню и мечу.

Livrer au feu et à l'épée.

➔ Mettre à feu et à sang.

■ Днём с огнём не найти (искать).

Ne pas trouver (Chercher) [qqch ou qqn] en plein jour avec du feu.

➔ Ne pas trouver en plein jour.

■ Между двух огней.

Entre deux feux.

➔ Entre deux feux.

! Au génitif dans cette expression. Mais, au sens propre, à l'instrumental : между двумя огнями.

■ Мелко плавать.

Nager peu profondément.

➔ Manquer d'envergure. / Occuper un poste subalterne.

■ Плыть по течению.

Voguer en suivant le courant.

➔ Suivre le troupeau.

■ На всякий пожарный случай.

En tout cas d'incendie.

➔ En cas d'imprévu. / À tout hasard.

ЖИВОТНЫЕ И РАСТЕНИЯ
FAUNE ET FLORE

■ Бабочка улетела, место прогорело.
Le papillon s'est envolé, la place a brûlé.
→ Qui va à la chasse perd sa place.

■ Согнуть в бараний рог.
Plier en corne de bélier.
→ Serrer la vis à qqn. / Mener à la baguette.

■ Он белены объелся.
Il a trop mangé de jusquiame.
→ Il a un grain.

! La jusquiame, белена, peut provoquer des délires qui rappellent la folie.

■ Кружиться (Вертеться) как белка в колесе.
Tourner comme un écureuil dans sa roue.
→ Tourner comme un écureuil en cage.

■ Реветь белугой.
*Crier comme un grand esturgeon [*en fait *comme un dauphin blanc].*
→ Pousser des cris désespérés.

! белуга est ici une corruption de белуха, "dauphin blanc".

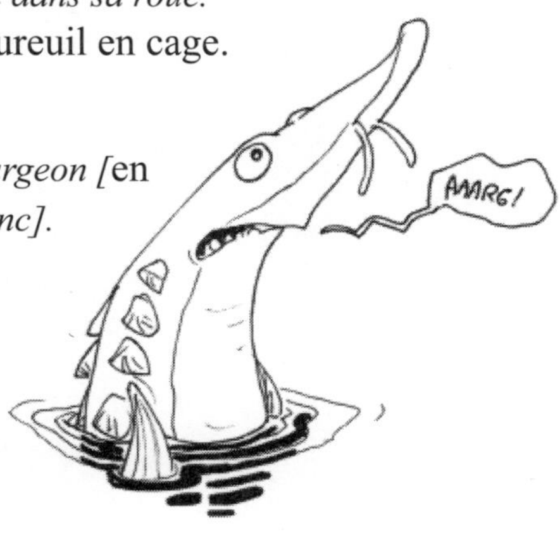

■ Накормить берёзовой кашей.
Nourrir avec de la bouillie de bouleau.
→ Fouetter.

■ Остаться (Сидеть) на бобах.
Rester (assis) sur les fèves.
→ Être de la revue. / Revenir bredouille.

■ Сказка про белого бычка.
Le conte au sujet du taureau blanc.
→ Une vieille antienne. / Du radotage.

! Allusion à un dialogue facétieux qui tourne en boucle, où le questionneur ne cesse de demander à son interlocuteur s'il veut qu'il lui raconte ce conte fictif et où toutes les réponses de ce dernier, positives comme négatives, sont reprises en écho et suivies de la même question.

■ Голод гонит волка из лесу (Волка ноги кормят).
La faim chasse le loup hors du bois (Ses pattes nourrissent le loup).
→ La faim fait sortir le loup du bois.

! Génitif second accentué sur la préposition (à côté de из леса).

Noter les doublets à génitif en -а (я) / génitif second en -у (ю) :

нет счёта (facture) / нет счёту ("énormément"), до, из дома (maison) / до, из дому (chez soi), нет леса (forêt) / нет лесу (bois), народа (peuple) / народу (gens), сырок : сырка (demi-sel) / сырку (diminutif de сыр).

En règle générale, ce génitif second, archaïque, ne survit, en dehors de son emploi pour exprimer le partitif, que dans des locutions adverbiales et des phraséologismes (le plus souvent avec préposition et négation).

■ С волками жить – по-волчьи выть.
[Si l'on doit] vivre avec les loups, [il faut] hurler comme un loup.
→ Il faut hurler avec les loups.

■ Сделать так, чтобы и волки были сыты и овцы целы.
Faire en sorte que les loups soient rassasiés et les brebis sauves.
→ Ménager la chèvre et le chou.

■ Стреляный воробей (Стреляная птица).
Moineau tiré [au fusil] (Oiseau tiré [au fusil]).
→ Vieux renard (loup de mer).

■ По воробьям из пушки стрелять.
Tirer au canon sur les moineaux.
→ Prendre une massue pour tuer une mouche.

■ Короче воробьиного (птичьего) носа.
Plus court qu'un bec de moineau (d'oiseau).
→ Pas plus long que ça.

■ Ворон ворону глаз не выклюет.
Le corbeau ne crèvera pas l'œil du corbeau.
→ Les loups ne se mangent pas entre eux.

■ Ворон считать (ловить) (Считать галок).
Compter (Chercher à attraper) les corneilles (Compter les choucas).
→ Bayer aux corneilles.

■ Ходить гоголем.
Aller comme un garrot.
→ Se pavaner. / Faire le beau.

! Гоголь m. → garrot (canard dont le mâle a la tête richement colorée).

■ Как об стен(к)у горох.
Comme [jeter] des pois contre le (petit) mur.
→ Autant parler à un sourd.

■ Взявшись (Взялся) за гуж, не говори, что не дюж.

Ayant (Tu as) saisi la mancelle du harnais, ne dis pas que tu n'es pas fort.

➔ Quand le vin est tiré, il faut le boire.

■ С гулькин нос.

De la taille d'un bec de pigeon.

➔ Tout petit. / Très peu.

! Гулькин est l'adjectif d'appartenance de гулька, "petit pigeon", de гуля, "pigeon" (dérivé de l'onomatopée pour appeler les pigeons гуль-гуль).

■ Гусь лапчатый.

Une oie palmée.

➔ Un roublard.

■ Взять за жабры.

Prendre aux ouïes.

➔ Serrer les pouces. / Contraindre.

■ Ехать зайцем.

Voyager comme un lièvre.

➔ Voyager à l'œil. / Resquiller.

■ <Одним выстрелом> убить двух зайцев.

<D'un seul coup de feu> tuer deux lièvres.

➔ Faire d'une pierre deux coups.

■ Гнаться за двумя зайцами.

Poursuivre deux lièvres.

➔ Chasser (Courir) deux lièvres à la fois.

! Accord des noms avec un cardinal à l'accusatif : cas particulier des noms d'animaux.

Si le nom d'animal est chosifié (notamment avec des verbes comme подстрелить, купить, есть), on le décline comme un inanimé au masculin, comme un animé (ou un inanimé en langue familière) au féminin : я купил три осла, я купил двух коров (две коровы).

■ Заячья душа.
Une âme de lièvre.
➔ Un froussard.

■ Подколодная змея.
Un serpent de sous un tronc.
➔ Une engeance de vipère [femme].

■ Драть (Лупить) как сидорову козу.
Fouetter (Rosser) comme la chèvre d'Isidore.
➔ Être sans merci.

! Il n'est pas question ici d'un Isidore cruel envers les animaux, ni même de chèvre. Certains avancent une origine turque : il s'agirait d'arracher (en turc *sïdïr*) une peau de chèvre qu'on jette sur des courroies. D'autres une étymologie arabe : il faudrait entendre *sadar kaza*, "le verdict du juge"...

■ Пустить козла в огород.
Laisser entrer le bouc dans le potager.
➔ Lâcher (Enfermer) le loup dans la bergerie.

■ Любовь зла – полюбишь и козла.
L'amour est dur : tu peux aimer même un bouc.
➔ L'amour est aveugle.

■ От него как от козла молока.
De lui comme du lait d'un bouc.
➔ Il n'y a rien à tirer de lui.

■ Отделить овец от козлищ (козлищ от ягнят).

Séparer les brebis des boucs (les boucs des agneaux).

→ Séparer le bon grain de l'ivraie.

■ Комар носу (носа) не подточит.

Un moustique n'aiguisera pas son nez.

→ Il n'y a rien à redire.

■ Будто (Как) корова языком слизнула.

Comme si une vache [l']avait léché avec sa langue.

→ Ça a disparu comme par enchantement.

■ Бодливой корове Бог рог не даёт.

À une vache cornupète Dieu ne donne pas de cornes.

→ Courroux est vain sans forte main.

! **Le génitif pluriel de рог est рог au lieu de рогов dans cette expression.**

■ Идти как корове седло.

Aller comme une selle à (sur) une vache.

→ Aller comme un tablier à une vache (une bague à un canard).

■ Молоко от бешеной коровки.

Du lait de petite vache enragée.

→ La vodka.

■ Идти коту под хвост.

Aller sous la queue du chat.

→ Être gaspillé.

■ Между ними пробежала <чёрная> кошка.
Entre eux est passé en courant un chat <noir>.
→ Ils sont brouillés. / Il y a du froid entre eux.

■ У него кошки скребут на сердце (на душе).
Des chats lui grattent le cœur (l'âme).
→ Il n'a pas le cœur tranquille. / Il a le cœur gros.

■ Играть в кошки-мышки.
Jouer aux chats et petites souris.
→ Jouer à chat perché.

! Noter l'emploi de l'accusatif inanimé et non du génitif animé dans cette expression. Autres exemples : играть в казаки-разбойники ("aux gendarmes et aux voleurs"), в дочки-матери, mais в космонавтов.

Autres jeux : играть в прятки → jouer à cache-cache, шарики → billes, бабки → osselets, ванька-встанька → poussa (играть ванькой-встанькой), матрёшка → poupée gigogne, matriochka, карты → cartes, шахматы → échecs (de shah mat, en persan "le roi est mort"), шашки → dames, домино indéclinable → dominos, кости → dés, кроссворд → mots croisés (решать кроссворд)

Attention ! Avec les noms de jeux et de sports, on emploie в + accusatif, avec les noms d'instruments de musique, on emploie на + prépositionnel.

■ Хорош садовник, хорош и крыжовник.
[Si] le jardinier est bon, la groseille à maquereau aussi est bonne.
→ Tel maître, tel valet.

! Noms des baies (ягоды) en russe :

брусника → airelle (myrtille) rouge, brimbelle, голубика → airelle (myrtille) des marais, ежевика → mûre sauvage, земляника → fraise des bois, калина → obier, viorne, клубника → fraise (des jardins), клюква → canneberge, airelle des marais, крыжовник → groseille à maquereau (verte), малина → framboise, морошка → mûre (framboise) jaune, рябина → sorbe, красная смородина → groseille rouge, чёрная смородина → cassis, groseille noire, черёмуха → baie de putiet, черника → myrtille, airelle noire

■ Канцелярская крыса.

Un rat de bureau.

→ Un rond-de-cuir.

■ Променять кукушку на ястреба.

Échanger un coucou contre un autour.

→ Changer son cheval borgne contre un aveugle.

■ Курам на смех.

Qui fait rire les poules.

→ À mourir de rire. / Qui est la risée de tous.

■ Писать как курица лапой.

Écrire comme une poule avec sa patte.

→ Écrire comme un chat.

■ Ободрать как липку.

Écorcer comme un tilleul.

→ Plumer comme un pigeon.

■ Горе луковое.

Malheur d'oignon [les oignons font pleurer].

→ Chagrin de rien du tout.

■ Медведь (Слон) ему на ухо наступил.
Un ours (Un éléphant) lui a marché sur l’oreille.
→ Il n’a pas d’oreille (l’oreille musicale).

■ Делить шкуру неубитого медведя.
Partager la peau de l’ours pas tué.
→ Vendre la peau de l’ours <avant de l’avoir tué>.

! De Не убив медведя, шкуры не продавай (делят)
N’ayant pas tué l’ours, ne vends pas (on ne partage pas) la peau.
Il ne faut pas vendre la peau de l’ours avant de l’avoir tué.

■ У меня мурашки по спине (коже) бегают.
J’ai des petites fourmis qui me courent sur le dos (la peau).
→ J’en ai des frissons dans le dos. / J’ai la chair de poule.

■ Делать из мухи слона.
Faire d’une mouche un éléphant.
→ En faire tout un plat. / Faire d’une souris une montagne.

■ Быть под мухой.
Être sous la mouche.
→ Être pompette.

! À l’origine : être enivré par l’amanite tue-mouches (мухомор), puissant hallucinogène.

■ Мухи дохнут (мрут).
Les mouches crèvent.
→ C’est à en crever d’ennui.

■ Считать мух.
Compter les mouches.
→ Regarder les mouches voler.

■ Как мышь на крупу дуешься.

Tu boudes comme une souris [boude] le gruau.

➔ Se mettre en pétard contre qqn.

■ Всякому овощу своё время.

À chaque légume sa saison.

➔ Chaque chose en son temps.

■ С паршивой овцы хоть шерсти клок.

D'une brebis galeuse ne fût-ce qu'une touffe de poils.

➔ C'est autant de pris sur l'ennemi.

■ Овчинка выделки не стоит.

La peau de mouton ne vaut pas le corroyage.

➔ Le jeu n'en vaut pas la chandelle.

■ Мне небо с овчинку показалось.

Le ciel m'est apparu aussi grand qu'une peau de mouton.

➔ J'ai vu trente-six chandelles.

■ Ему досталось на орехи.

Il en a eu pour [s'acheter] des noisettes.

➔ Il en a pris pour son grade.

■ Вбить осиновый кол.

Enfoncer un pieu en bois de tremble.

➔ Mettre hors d'état de nuire.

> ! Vient de la croyance populaire selon laquelle enfoncer un pieu dans la tombe d'un sorcier le rendait inoffensif.

■ Задать перцу.

Donner du poivre.

➔ Passer un savon.

■ Пустить петуха.

Lâcher un coq.

→ Lâcher un couac [en chantant].

■ Рано пташечка запела, как бы кошечка не съела.

Tôt le petit oiseau se mit à chanter, pourvu que le petit chat ne le mangeât.

→ Tel rit le matin qui le soir pleurera.

■ Ранняя пташка.

Un petit oiseau matinal.

→ Un lève-tôt.

! *Diminutifs et augmentatifs.*

Le russe peut ajouter des suffixes diminutifs (à valeur diminutive, affectueuse ou dépréciative) ou augmentatifs (à valeur augmentative ou péjorative) à des noms, prénoms (c'est même la seule forme usuelle dans les relations familières), adjectifs ou adverbes. Leur nombre est plus grand et leur emploi plus étendu qu'en français. Ils ont en outre souvent une double valeur qui est fonction de l'appréciation du locuteur. Un même mot peut recevoir plusieurs suffixes : ainsi дом ("maison") : домик, домок, diminutifs ("maisonnette"), домишко, péjoratif, домина, домище, augmentatifs. Et même un double suffixe renforçant une même nuance : дружок, дружочек. Les diminutifs ont le plus souvent une valeur expressive et familière (langue des enfants), poétique, voire polie : солнышко, БМВушка ("une BMW"), билетик. Un nom employé avec un suffixe diminutif appelle généralement une forme diminutive de l'adjectif (en -еньк- / -оньк-) qui le qualifie : буренькая лошадка.

Principaux suffixes de noms : -ка, -ок, -ёк, -ик, -чик, -ко, -ико (diminutifs, affectueux) (бородка, часок, зверёк, носик, стакан- чик, молочко, колёсико), -ца, -ица, -ец, -цо, -ецо, -це, -ице (diminutifs, affectueux) (дверца, сестрица, товарец, винцо, ружьецо, дельце, платьице), -очка,

-ечка, -ичка, -очек (affectueux) (ямочка, книжечка, вещичка, листочек), -ушка, -юшка, -ушек, -ышек, -ышко (affectueux) (матушка, дядюшка, воробушек, колышек, зёрнышко), -енька (affectueux) (душенька), -ушка, (péjoratif) (толстушка), -ишка, -ишко (péjoratifs) (страстишка, мальчишка, городишко, письмишко), -онка, -ёнка (péjoratifs) (собачонка, избёнка, noms de personne masculins : мужичонка), -онька, -енька (diminutifs et affectueux) (берёзонька, Настенька). Les suffixes -ушка, -ишка, -онка peuvent être élargis en -ушечка, -ишечка, -оночка (комнатушечка, рубашоночка).

Il faut encore préciser que nombre de noms russes possèdent un suffixe diminutif qui a perdu sa valeur première. Ces noms peuvent avoir gardé le sens du nom de base : молоток, "marteau" (молот), бутылка, "bouteille" (бутыль), ou pas : чашка, "tasse" (чаша, "coupe"), мужик, "paysan" (муж, "homme"), водка, "eau-de-vie, vodka" (вода, "eau"), булавка, "épingle" (булава, "massue"), крыльцо, "perron" (крыло, "aile"), etc. Il n'y a que deux suffixes augmentatifs : -ища, -ище et -ина (plus péjoratif) (собачища, уродище, винище, домина).

■ Желторотый птенец (юнец).
Un oisillon (jouvenceau) au bec jaune.
→ Un blanc-bec. / Un béjaune.

■ Важная птица.
Oiseau important.
→ Grosse légume. / Gros bonnet.

■ Жить как птица небесная.
Vivre comme un oiseau céleste.
→ Se la couler douce.

■ Искать птичьего молока.

Chercher du lait d'oiseau.

➔ Chercher un mouton à cinq pattes.

■ Разбить в пух и прах.

Écraser en duvet et poussière.

➔ Battre à plate couture.

■ Ни пуха ни пера !

Ni duvet ni plume !

➔ Bonne chance !

■ Когда рак <на горе> свистнет.

Quand l'écrevisse sifflera <sur la montagne>.

➔ Quand les poules auront des dents.

■ Я ему покажу, где раки зимуют.

Je lui montrerai où les écrevisses passent l'hiver.

➔ Je vais lui montrer de quel bois je me chauffe.

! Et : он знает, где раки зимуют *il sait où les écrevisses hibernent, il est rusé comme un renard*

■ Надоесть хуже горькой редьки.

Embêter pire qu'un gros radis amer.

➔ Sortir par les oreilles (les yeux).

■ Это дешевле пареной репы.

C'est meilleur marché qu'un navet cuit à la vapeur.

→ C'est pour rien. / C'est presque gratis.

■ Обломать рога.

Casser les cornes.

→ Remettre à sa place.

■ На безрыбье и рак рыба.

Quand il n'y a pas de poisson, une écrevisse est comme un poisson.

→ Faute de grives, on mange des merles.

! **Variante :** на бесптичье и ворона соловей **quand il n'y a pas d'oiseau, une corneille est comme un rossignol.**

■ Биться как рыба об лёд.

Se débattre comme un poisson contre la glace.

→ Être dans une situation sans issue.

■ Без труда не вынешь рыбку из пруда.

Sans effort tu ne sortiras pas un petit poisson de l'étang.

→ On n'a rien sans rien.

■ Рыбак рыбака видит издалека.

Le pêcheur voit le pêcheur de loin.

→ Qui se ressemble s'assemble.

■ На рыбьем меху.

En fourrure de poisson.

→ En piteux état [manteau].

■ Как свинья в апельсинах разбираться.

Y comprendre qqch comme un cochon aux oranges.

→ Ne rien y comprendre.

■ Подложить свинью.

Coucher un cochon [à côté de qqn].

➔ Jouer un tour de cochon.

■ Зелёная селёдка с топлёным молоком.

Du hareng vert avec du lait cuit au four.

➔ Un imbroglio. / Un méli-mélo.

■ Как сельди в бочке.

Comme des harengs dans un tonneau.

➔ Serré comme des sardines en boîte.

■ Лучше синица в руке, чем журавль в небе.

Mieux vaut une mésange dans la main qu'une grue dans le ciel.

➔ Un tiens vaut mieux que deux tu l'auras.

■ Лаять на слона.

Aboyer après un éléphant.

➔ Aboyer à la lune.

■ Слонов слонять.

Balader des éléphants.

➔ Fainéanter. / Battre le pavé.

! Jeu de mots sur слоняться, “flâner, fainéanter”.

■ Вот где собака зарыта.

Voilà où le chien est enfoui.

➔ Voilà où gît le lièvre. / C’est là que le bât blesse.

■ Собака лает – ветер носит.

Le chien aboie – le vent emporte.

➔ Les chiens aboient, la caravane passe.

■ Он на (в) этом собаку съел.

Il a mangé là-dessus (là-dedans) un chien.

➔ Il s’y entend. / C’est son fort.

■ Гол как сокол.

Nu comme un faucon.

➔ Chargé d’argent comme un crapaud de plumes.

! Сокол a l’accent final dans cette expression (pour la rime), à côté de сокол en russe courant. Selon certains, il ne s’agirait pas ici de faucon, mais de bélier (instrument médiéval) ou de pieu soutenant une clôture ou une haie.

■ Соловья баснями не кормят.

On ne nourrit pas le rossignol avec des fables.

➔ Ventre affamé n’a pas d’oreilles.

■ Сорока на хвосту принесла.

La pie [l’]a apporté sur sa queue.

➔ Ça tombe du ciel [nouvelle, information].

■ Заблудиться в трёх соснах.

Se perdre entre trois pins.

➔ Se noyer dans un verre d'eau.

■ Погибнуть ни за понюшку (понюх, нюх) табаку.

Mourir pour pas une seule prise de tabac.

➔ Mourir pour des prunes.

■ Ложь на тараканьих ножках ходит.

Le mensonge va sur des pattes de cafard.

➔ La vérité finit toujours par se savoir.

■ Ласковый телёнок двух маток сосёт.

Un veau affectueux tète deux vaches [génitrices].

➔ On prend plus de mouches avec du miel qu'avec du vinaigre.

■ Телячьи нежности.

Tendresses de veau.

➔ Premières amours. / Amour de jeunesse.

■ Глухая / Сонная тетеря.

Poule des bouleaux sourde / endormie.

➔ Sourd(e) comme un pot. / Marmotte.

■ На битой дороге трава не растёт.

Sur une route battue, l'herbe ne pousse pas.

➔ Pierre qui roule n'amasse pas mousse.

■ Ему всё трын-трава.

Tout lui est mauvaise herbe.

➔ Il se fiche pas mal de tout.

■ Закидывать удочку.

Jeter une ligne [à pêche].

➔ Tâter le terrain. / Lancer des ballons d'essai.

■ Сматывать удочку.

Enrouler la ligne [à pêche].

➔ Décamper. / Filer.

■ Насыпать кому-л. соли на хвост.

Verser à qqn du sel sur la queue.

➔ Faire des ennuis à qqn.

■ Держать хвост пистолетом.

Tenir la queue en pistolet.

➔ Avoir la pêche (le moral).

■ Цыплят по осени считают.

C'est à l'automne qu'on compte les poussins.

➔ Il ne faut pas vendre la peau de l'ours avant de l'avoir tué.

■ Заморить червячка.

Faire mourir de faim le petit ver.

➔ Tuer le ver. / Casser une croûte. / Manger un morceau.

■ На то <и> щука в море, чтобы карась не дремал.

Le brochet <aussi> est dans la mer, pour que le carassin ne somnole pas.

➔ La crainte du chasseur tient le lièvre éveillé.

■ Пустить щуку в реку.

Lâcher un brochet dans la rivière.

➔ Favoriser un forfait.

■ <Как> по щучьему веленью (велению).
<Comme> par ordre du brochet. [D'après un conte.]
➔ Comme par enchantement.

■ <Так тесно, что> яблоку негде упасть.
<C'est si exigu que> la pomme n'a nulle part où tomber.
➔ Une épingle ne tomberait pas à terre.

■ Это одного поля ягода.
C'est une baie d'un même jardin.
➔ Ce sont gens de même farine.

■ Это цветочки, а ягодки впереди <будут>.
Ce sont des petites fleurs, et les baies sont à venir.
➔ Ce n'est rien en comparaison de ce qui l' (les) attend.

ЦВЕТА : *LES COULEURS*

■ Он не жилец на белом свете.

Il n'est pas locataire en ce bas monde.

→ Il file un mauvais coton. / Il n'en a plus pour longtemps.

! Белый свет → **poét. "le monde entier, la vie d'ici-bas", cf.** прощаться / расставаться с белым светом, **"mourir, quitter ce bas monde".**

■ Белая ворона.

Une corneille blanche.

→ Un merle blanc. / Un oiseau rare.

■ Дела – как сажа бела.

Les affaires sont comme la suie blanche.

→ L'affaire est ratée.

■ Белые мухи.

Mouches blanches.

→ Premiers flocons de neige.

■ Ночью все кони вороные.

La nuit tous les chevaux sont moreaux.

→ La nuit tous les chats sont gris.

! **Ou, plus couramment :** ночью все кошки серые

Robes de chevaux (масти) :

буланый → **isabelle, baillet, crème,** вороной → **moreau, noir,** гнедой → **bai ; zain,** игреневый (игрений) → **aubère,** изабелловый → **isabelle,** караковый → **bai-brun, bai-marron,** каурый → **louvet clair,** мышастый → **souris,** пегий → **pie,** саврасый → **louvet, isabelle charbonné,** соловый → **aubère, pêchard,** чалый → **gris mêlé, grivelé,** в масле → **à la robe luisante,** в мушках → **moucheté,** в яблоках → **pommelé. Noter :** ни сиво ни буро **ni gris mêlé ni alezan, "ni blanc ni noir, comme ci comme ça"**

■ Зелёный юнец.
Un vert jouvenceau.
→ Un blanc-bec.

■ Допиться до зелёного змия.
Boire jusqu'au serpent vert.
→ Boire jusqu'au delirium tremens.

■ Зелёная тоска (скука).
Cafard (Ennui) vert.
→ Ennui mortel.

■ Молодо-зелено !
Jeune-vert !
→ Il est trop vert ! / Il faut que jeunesse se passe !

■ Вогнать в краску.
Enfoncer dans la teinture.
→ Faire piquer un fard.

■ Смотреть сквозь розовые очки (стёкла).
Regarder à travers des lunettes (des verres) roses.
→ Voir la vie en rose.

■ Волк и каждый год линяет, а всё сер бывает.
Le loup mue chaque année, mais reste toujours gris.
→ Le renard change de poil, mais non pas de nature.

! Le gris est la couleur traditionnelle du loup. Cf. ce proverbe : не всё, что серо, волк tout ce qui est gris n'est pas loup, "tout ce qui brille n'est pas or".

- Бред сивой кобылы <в лунную ночь>.
  Délire de jument grise <par une nuit de clair de lune>.
  → Totale absurdité.

- На вкус и <на> цвет товарища (образца) нет.
  Pour le goût et la couleur il n'y a pas de camarade (modèle).
  → Des goûts et des couleurs on ne discute pas.

- Держать в чёрном теле.
  Tenir dans un corps noir.
  → Faire la vie dure à qqn.

- Полюби(те) нас чёрненькими, а беленькими нас всякий полюбит.
  Aime(z)-nous un peu noirs, car chacun nous aimera un peu blancs.
  → Il faut nous prendre comme nous sommes.

ЧИСЛА : *LES NOMBRES*

■ Ясно как дважды два четыре.

Clair comme deux fois deux [font] quatre.

→ Clair comme deux et deux font quatre.

! *Multiplicateurs :*

однажды → une fois, un jour ; une fois (= (один) раз), дважды → deux fois (дважды три – шесть, два на три – шесть → deux fois trois (font) six), трижды → trois fois, четырежды → quatre fois

De 5 à 10 (et pour 20 et 30), on emploie une forme non accentuée en -ью : пятью пять – 25. Au-delà, on emploie раз, "fois".

■ Ни два, ни полтора.

Ni deux, ni un et demi.

→ Mi-figue, mi-raisin.

! *Un et demi :*

полтора, полторы (+ génitif singulier) → 1 et ½ (masculin, neutre), 1 et ½ (féminin). Cas obliques (+ pluriel) : полутора : полтора рубля -> полутора рублей, полторы минуты -> полутора минут. Noter, avec les pluralia tantum : полтора суток (36 h).

Avec un adjectif, on accorde au génitif pluriel avec les masculin et neutre, au nominatif pluriel avec le féminin, mais les deux formes sont possibles quels que soient les genres : целых (целые) полтора месяца, целые (целых) полторы недели. Noter encore : полторы тысячи → 1500, полтораста (полутораста) → 150 .

Noter : полтора человека un homme et demi, "à peu près personne"

■ В два счёта.

En deux comptes.

➔ En un tour de main. / En deux coups de cuiller à pot.

■ На своих <на> двоих.

Sur les nôtres <sur> les deux.

➔ À pied.

! *Collectifs : particularités d'emploi.*

On n'emploie pas les collectifs aux cas obliques avec les noms de choses, sauf quand il y a ambiguïté : не хватает шестерых (шести штук) часов (montres ≠ шести часов ➔ heures). On évite d'employer les collectifs avec des noms de fonctions officielles : двое студентов mais два министра. Avec les noms épicènes (des deux genres), on emploie le collectif avec le masculin, le cardinal avec le féminin : двое сирот, две сироты. Avec les paires, двое correspond à две пары (4) : двое сапог (= две пары сапог), mais двое брюк ➔ пара брюк (2 pantalons).

■ Он не из робкого десятка.

Il n'est pas de la dizaine timide.

➔ Il n'a pas froid aux yeux.

! *Noms de nombres : noms et emplois :*

единица (1), двойка (2), тройка (3), четвёрка (4), пятёрка (5), шестёрка (6), семёрка (7), восьмёрка (8), девятка (9), десятка (10), двадцатка (20), тридцатка (30).

Ces noms désignent : 1) les chiffres écrits, 2) les autobus et tramways numérotés, 3) les notes scolaires (de 1 à 5), 4) les cartes à jouer, 5) divers objets composés de plusieurs éléments (тройка ➔ costume trois pièces, attelage de trois chevaux).

Autres noms : пяток (5 objets), десяток (dizaine), дюжина (douzaine), сотня (centaine) ; двойня, тройня, четверня, пятерня (2, 3, 4, 5 jumeaux) (aussi четверня : attelage de 4 chevaux, шестерня : 6 chevaux, пятерня : la main et les 5 doigts) ; pièces et billets : двушка (2 kopecks), пятак (5 kopecks), трёшка, трояк (3 roubles), десятка (10 roubles), четвертная (25 roubles), полсотни (50 roubles), сотня (100 roubles).

■ Чёртова дюжина.

La douzaine du diable.

→ Treize. [Chiffre qui porte malheur !]

■ Глядеть (Смотреть) в оба.

Regarder dans [par] les deux [yeux].

→ Ouvrir l'œil <et le bon>. / Se tenir sur ses gardes.

! *Le duel :*

оба, обе (+ génitif singulier) = les deux (masculin / neutre, féminin). Ne s'emploie jamais postposé : человека два (pas оба). Avec les pluralia tantum, on emploie, au nominatif, обои : обои сани. Aux cas obliques, on emploie те и другие : у тех и у других ворот. Noter la formule administrative : обоего пола, "des deux sexes" (datif обоему полу).

■ Разговаривать из (с) пятого в (на) десятое.

Bavarder de la cinquième [chose] à la dixième.

→ Parler à bâtons rompus (sans queue ni tête).

! *Emploi des ordinaux :*

dynasties (princes, rois, empereurs) : Екатерина вторая, dates (jour, année) : первое марта, в 2007-ом году (noter : третьего дня, "avant-hier"), décennies : двадцатые годы, "les années vingt", âge : ей идёт третий год, heure : двадцать второго, пошёл пятый час, pages, chapitres, parties

■ Седьмая (Десятая) вода на киселе.

Septième (Dixième) eau sur la gelée de fruits.

➔ Cousin à la mode de Bretagne.

■ Трудиться до седьмого (десятого) пота (поту).

Travailler jusqu'à la septième (dixième) suée.

➔ Suer sang et eau.

! Et : семь потов сошло il en est sorti sept sueurs, "il a sué sang et eau"

■ Семеро одного не ждут.

Sept n'attendent pas un seul.

➔ Pour un moine l'abbaye ne chôme pas.

■ Милому и семь вёрст не околица.

Pour le bien-aimé même sept verstes ne sont pas un détour.

➔ L'amour rapproche (abolit) les distances.

■ Семь раз примерь, один раз отрежь.

Essaye sept fois, coupe une fois.

➔ Tourne sept fois ta langue dans la bouche avant de parler.

■ За семь вёрст киселя хлебать.

Aller manger de la gelée de fruits à plus de sept verstes.

➔ Le jeu n'en vaut pas la chandelle.

■ За семью (десятью) замками.

Derrière sept (dix) verrous.

➔ Sous sept sceaux. / Bien caché.

■ Сорок сороков.

Quarante quarantaines.

➔ Mille et un.

! Reflet d'une numération à base 40. Cas obliques de сорок ➔ сорока.

■ Согнуть в три дуги (погибели, шеи).

*Plier en trois arcs (courbures, cous) [*i.e. *courber trois fois].*

➔ Réduire à l'obéissance absolue.

! Погибель ne signifie pas ici "mort", mais "courbure" (cf. изгиб, сгибать). Expression remontant à un ancien supplice !

■ Плакать в три ручья.

Pleurer [dans] trois torrents.

➔ Verser des torrents de larmes.

■ За тридевять земель.

Au-delà des vingt-sept terres.

➔ Au bout du monde. / À mille lieues.

! Ancien numéral ➔ "trois fois neuf" (27).

СРАВНЕНИЯ : *COMPARAISONS*

- Пристал как банный лист.
  Il colle comme une feuille de bain.
  ➔ Il n'y a pas moyen de s'en débarrasser.

- Смотреть как баран на новые ворота.
  Regarder comme un mouton [regarde] une nouvelle porte cochère.
  ➔ Regarder d'un air ahuri.

- Глядеть как волк (волком).
  Regarder comme un loup.
  ➔ Regarder de travers.
  ! Id. : смотреть бирюком avoir l'air d'un loup solitaire, "avoir l'air bourru".

- Носиться с чем-л. как <дурак> с писаной торбой.
  Courir partout avec qqch comme <un sot> avec une musette peinte.
  ➔ Faire grand cas de qqch. / S'enticher de qqch.

- Лысый как колено.
  Chauve comme un genou.
  ➔ Chauve comme un œuf.

- Заснуть как мёртвый.
  S'endormir comme un mort.
  ➔ S'endormir comme une masse.

! Aussi : спать мёртвым сном (как убитый) dormir d'un sommeil de mort (comme un tué), "dormir d'un sommeil de plomb (à poings fermés)".

■ Знать как облупленного.
Connaître comme le pelé.
➔ Connaître comme le loup blanc.

■ Молчать как пень.
Être silencieux comme une souche.
➔ Être muet comme une carpe.

■ Глуп как пробка.
Bête comme un bouchon.
➔ Bête à manger du foin.

■ Как сапожник.
Comme un cordonnier.
➔ Comme un pied [faire qqch].

■ Он врёт (лжёт) / глуп / ленив как сивый мерин.
Il ment / Il est bête / Il est paresseux comme un hongre gris.
➔ Il ment comme un arracheur de dents. / Il est bête comme un âne. / Il est fainéant comme une couleuvre.

■ Плавать как топор.
Nager comme une hache.
➔ Nager comme un chien de plomb.

ВОСКЛИЦАНИЯ И МЕЖДОМЕТИЯ
EXCLAMATIONS ET INTERJECTIONS

■ С бухты-барахты.

De patatras-badaboum.

➔ De but en blanc. / Sans réfléchir. / Sans raison.

! Origine onomatopéique. Pour l'anecdote, précisons qu'il existe une baie (бухта) située au pied du mont Karadag en Crimée qui fut nommée dans les années 1930 "Барахта" par le poète Maximilien Volochine et ses amis, suite à un échouage dans cette baie (de барахтаться, "se débattre dans l'eau, barboter"), et en référence à cette expression.

■ Вот так клюква !

En voilà une canneberge !

➔ Cette bonne blague !

■ Горько !

*Il est amer [*s.e. *le vin – donc il faut l'adoucir] !*

➔ Un baiser ! / Le bisou ! [à la noce]

■ Ёлки зелёные !

Sapins verts !

➔ Nom d'un chien ! / Nom de nom !

■ Кукиш с маслом !

Un doigt d'honneur avec du beurre !

➔ Peau de balle !

■ Ни бе, ни ме, ни кукареку.

Ni bê, ni mê, ni cocorico

→ Rien de rien [savoir, comprendre].

! **Quelques verbes désignant des cris d'animaux :**

жужжать (abeille, guêpe : bourdonner), клекотать (aigle : trompeter), реветь (âne : braire, éléphant : barrir), куликать (bécasseau : crouler), блеять (mouton : bêler), мычать (bœuf : beugler, vache : meugler, mugir), вавакать (caille : carcailler, margotter, pituiter), крякать (canard : cancaner), ржать (cheval : hennir), мяукать, мурлыкать (chat : miauler, ronronner), лаять (chien : aboyer), кукарекать (coq : chanter, coqueriquer), кудахтать, клохтать, квохтать (poule : caqueter, glousser), пищать, попискивать (poussin : piauler, pépier), каркать (corbeau : croasser), куковать (coucou : coucouler), квакать (grenouille : coasser), трубить (éléphant : barrir), стрекотать (pie : jacasser), сверчать (grillon : striduler, grésillonner), курлыкать (grue : craquer, glapir), ухать (hibou : ululer), щебетать (hirondelle : babiller, gazouiller) чирикать (moineau : pépier), рычать (lion : rugir, tigre : feuler), выть (loup : hurler), гоготать (oie : cacarder), ворчать (ours : grogner), ворковать (pigeon : roucouler), хрюкать (cochon : grogner), тявкать (renard : glapir, chien : japper), шипеть (serpent : siffler).

■ Ни бум-бум.

Pas un seul boum-boum.

→ Rien de rien [savoir, comprendre].

■ Ни гугу (Ни гу-гу) !

Pas un seul areu-areu !

→ Motus <et bouche cousue> !

■ Ни мур-мур.

Pas un seul ronron.

➔ Rien de rien [savoir, comprendre].

■ Ни тпру ни ну.

Ni dia, ni hue.

➔ Ni à hue ni à dia.

■ Пропасть !

Précipice !

➔ Peste ! / Diable !

■ Всё хорошо, что хорошо кончается.

Tout est bien qui finit bien.

➔ Tout est bien qui finit bien.

Aubin Imprimeur - *Ligugé, Poitiers* D.L. juin 2008 / Impr. : L 72260 / Imprimé en France